I0073721

chevalier de
S. Ex. le duc

DESMOULINS, *rue J.-J. Rousseau, n. 5.*

304 — Un portrait de femme.

DESORAS (M.lle Jenni), *rue Helvétius,*
n. 25

305 — Sargines, élève de l'Amour.

L'instant représenté est celui où la jeune Sophie d'Apremont lit ce passage du jeune banneret. *C'est que vous aymez d'amour à mourir.* Sargines redit plusieurs fois ces mots, d'une voix tremblante, en regardant Sophie.

DESORIA.

306 — Plusieurs portraits, *même numéro.*

à sa place.

Le moment est celui où Firmas, au milieu sa famille, accueille froidement les marques de tendresse, étant préocupé de son malheur.

388 — Portrait en miniature de M. D blin, artiste du théâtre Français.

389 — Plusieurs portraits, *même numé*

FRANCK, *rue de Gretry, n. 2.*

390 — Plusieurs portraits, *même numé*

FRANCQUE (Pierre et Joseph), *rue N poléon, n. 21.*

391 — Bataille de Zurich.

329 — Portraits en pied des enfants de
M.***

330 — Plusieurs portraits, *même numéro.*

DUCLAUX de Lyon, *hôtel d'Angleterre,*
rue des Filles St-Thomas.

331 — Une diligence.
332 — Un intérieur de manége.

DUCQ (Joseph), *rue du Rocher, n. 34.*

333 — Le mariage d'Angélique et Médor.

DUFEY, *rue de Seine, n. 18, faubourg*
St-Germain.

334 — Portrait de femme, en émail,
d'après Mad. Le Brun.

335 — Portrait d'homme, en émail,
d'après M. Gérard.

DUFOURNEAU, *quai des Augustins,*
n. 25.

336 — La Vierge et l'Enfant Jésus dans
un fond de paysage.

DUMERAY, (Mad.), *rue de l'Echelle, n. 4.*

337 — Portrait de M.lle Catalan.
338 — Portrait de M.lle B.*** W.***.

DUMONT (F.), *cour des Fontaines,*
n. 5.

339 — Les premiers témoignages de
sensibilité et d'amour filial.

340 — Armide veut se percer des arm
de Renaud.

341 — Portrait de M. Parmentier
membre de l'Institut.

342 — Portrait de Mad. ***

DUNANT (J-F), *rue du Colombier, n. 1*

343 — Un jeune chevalier partant po
une expédition, reçoit un gage d'amou
de la dame de ses pensées.

344 — Le petit Chaperon rouge.

DUFERREUX (A.-L.-R.), *rue neuve a*
Luxembourg, n. 21.

345 — Vue du château et d'une parti
de la ville de Brescia.

Le chevalier Bayard blessé à l'assaut de Brescia, e porté par deux suisses au logis d'un riche gentilhomme sa femme restée seule avec ses deux filles, se jette ses genoux : *Noble seigneur, lui dit-elle, je vous pre sente cette maison et tout ce qui est dedans ; elle est toute par le droit de la guerre, que votre plaisir soit de me sau ver l'honneur et la vie, ainsi qu'à mes deux jeunes fille* Le bon chevalier qui oncques ne pensa mechanceté, lu répondit : *Madame, je ne sais si je pourrai échapper à la plaie que j'ai, mais tant que je vivrai, à vous ni à vo filles ne sera fait déplaisir, non plus qu'à ma personne vous assurant que vous avez céans un gentilhomme qui ne vous pollera point, mais vous ferai toute la courtoisie que j pourrai.*

346 — Vue des ruines de la maison de
Catulle, en la presqu'île de Sermione, su
le lac de *Guarda.*

347 — Vue du château et de la ville
de Joinville.

TARIF

DES FRAIS ET DÉPENS,

MIS PAR ORDRE DES TITRES ET DES ARTICLES

DES

CODES NAPOLÉON

ET DE PROCÉDURE CIVILE,

Contenant le Montant des Emoluments à percevoir pour chaque Acte, dans toute l'étendue de l'Empire, d'après les Réductions ordonnées par Décret de Sa Majesté l'Empereur et Roi, du 16 Février 1807.

PAR J. F. D. DÉZÉVAUX,

EX - AVOUÉ PRÈS LE TRIBUNAL D'INSTANCE DE BESANÇON.

———————

A PARIS,

Se vend chez M. FENOT, Négociant, rue Rochechouart, N.º 29, faubourg Montmartre.

———————

DE L'IMPRIMERIE DE L. P. DUBRAY, RUE VENTADOUR, N.º 5.

1812.

AVANT-PROPOS.

L'Ouvrage que j'offre au public, me paroît être utile à toutes les personnes attachées au bareau ; ce n'est, à la vérité, que la transcription littérale du Tarif décrété par Sa Majesté l'Empereur et Roi, le 16 Février 1807, à la différence que dans cet Ouvrage les actes y sont portés par ordre des titres et des articles du Code. Il réunit le double avantage de tracer la marche de toutes les procédures ordonnées par les Codes Napoléon et judiciaire, la nature de tous les actes qui peuvent ou doivent y être faits, et les émoluments à percevoir par chacun d'eux, dans toute l'étendue de l'Empire, suivant les réductions ordonnées par autre décret du même jour, en sorte qu'en s'en servant pour instruire une procédure, il est impossible de faire aucune nullité, de faire aucune fausse perception dans la taxe ; les juges chargés de la liquidation des dépens, peuvent les vérifier avec facilité ; et toute personne, la taxe en main, peut s'assurer de sa précision.

Comme il y a des droits et actes tarifiés qui ne sont pas prévus par le Code de procédure, il y a trois Tables à la fin de l'Ouvrage ; la première indique les titres du Code de procédure, la seconde qui est par lettres alphabétiques, indique les numéros d'ordre sous lesquels sont portés les droits et actes tarifiés non prévus par ce Code, tels que les appels de cause, consultation, prôtet et autres, et la troisième indique les titres du Code Napoléon.

TARIF DES FRAIS ET DÉPENS,

Mis par ordre des Titres et des Articles des Codes NAPOLÉON, et de Procédure civile.

ARTICLES. du CODE.	ARTICLES. du TARIF.	NATURE DES ACTES ET NUMÉROS D'ORDRE.	DROITS à Paris, Bordeaux, Rouen et Bruxelles.	DROITS dans les Siéges de Cour d'appel et dans les villes où la population excède 30,000 ames	DROITS dans les villes où il y a Tribunal d'instance	DROITS dans les autres villes et cantons ruraux.	OBSERVATIONS.
			Fr. C.	Fr. C.	Fr. C.	Fr. C.	
		LIVRE PREMIER.					
		DE LA JUSTICE DE PAIX.					
		TITRE I.er					
		Des Citations.					
		ARTICLE PREMIER.					
1.	21	Pour l'original de chaque citation contenant demande·········	1 50	1 35	1 25	1 25	Cet acte doit porter le coût. V. art. 66 du Tarif, numéro d'ordre, 454.
		Copie de l'acte·············	» 37½	» 33¾	» 31⅕	» 31⅕	
	22	Copie de pièces·············	» 25	» 22½	» 20	» 20	
		II.					
4 6	7	Il n'est rien alloué au juge de paix pour toute cédule qu'il pourra délivrer.					
		III.					
7.	11	La déclaration des parties qui demandent à être jugées par le juge de paix, sera insérée dans le jugement, et il ne sera rien taxé au greffier pour l'avoir reçue, non plus que pour tout autre acte du greffe.					
		TITRE II.					
		Des audiences du juge de paix et de la comportation des parties.					
		ART. IV.					
8	9	Il sera taxé aux greffiers des justices de paix, par chaque rôle d'expédition qu'ils délivreront, et qui contiendra vingt lignes à la page, et dix syllabes à la ligne········	» 50	» 45	» 40	» 40	
		V.					
14	7	Il n'est rien alloué au juge de paix pour le paraphe des pièces en cas de dénégation d'écriture, et de déclaration qu'on entend s'inscrire en faux incident.					
		VI.					
16 19	21.	Original de signification de jugement···	1 50	55	1 25	1 25	Idem.
		Copie de l'acte···············	» 37½	» 35½	» 31⅓	» 31⅓	
	22.	Copie de pièces···············	» 25	» 22½	» 20	» 20	
		VII.					
16	27	Pour l'original d'un exploit d'appel d'un jugement de la justice de paix········	2 »	1 80	1 50	1 50	Idem.
	29.	Copie de l'acte ···············	» 50	» 45	» 57½	» 57	

A

ARTICLES.		NATURE DES ACTES ET NUMÉROS D'ORDRE.	DROITS à Paris, Bordeaux, Rouen et Bruxelles	DROITS dans les Siéges de Cour d'appel et dans les villes ou la population excède 40,000 ames.	DROITS dans les villes où il y a Tribunal d'instance.	DROITS dans les autres villes et cantons ruraux.	OBSERVATIONS.
du CODE.	du TARIF.		Fr. C.	Fr. C.	Fr. C.	Fr. C.	
		VIII.					
17	21	Sommation de fournir caution ou d'être présent à la réception, et soumission de la caution ordonnée..................	1 50	1 55	1 25	1 25	Cet acte
		Copie de l'acte..................	3 37½	» 33½	» 31½	» 31½	doit porter
	22·	Copie de pièces..................	» 25	» 22½	» 20	» 20	le coût. V. art. 66 du
		TITRE III.					Tarif, numéro d'or-
		Des jugements par défaut et des oppositions à ces jugements.					dre, 454.
		ART. IX.					
29	21	Opposition à jugement par défaut conte-nant assignation à la prochaine audience....	1 50	1 55	1 25	1 25	Idem.
		Copie de l'acte..................	» 37½	» 33¾	» 31¾	» 31¾	
		TITRE IV.					
		Des jugements sur les actions possessoirs.					
		TITRE V.					
		Des jugements qui ne sont pas définitifs et de leur exécution.					
		ART. X.					
29	7·	Il n'est rien alloué au juge de paix pour toute cédule qu'il pourra délivrer.					
		XI.					
29 34	24	Il sera taxé aux témoins entendus par le juge de paix, une somme équivalente à une journée de travail, même à une double jour-née si le témoin est obligé de se faire rem-placer dans sa profession, ce qui est laissé à la prudence du juge. Il sera taxé au témoin qui n'a pas de pro-fession, par tout.............. Il ne sera point passé de frais de voyage si le témoin est domicilié dans le canton où il est entendu. S'il est domicilié hors du canton, et à une distance de plus de deux myriamètres et demi du lieu où il fera sa déposition, il lui sera alloué autant de fois une somme double de journée de travail, ou une somme de 4 fr. qu'il y aura de fois cinq myriamètres de distance entre son domicile et le lieu où il aura déposé.	2 »	2 »	2 »	2 »	
		XII.					
29· 42	25·	La taxe des experts en justice de paix sera la même que celle des témoins, et il ne leur					

du CODE	du TARIF	NATURE DES ACTES ET NUMÉROS D'ORDRE.	DROITS à Paris, Bordeaux Rouen et Bruxelles	DROITS dans les Siéges de Cour d'appel et dans les villes ou la population excède 30,000 ames	DROITS dans les villes où il y a Tribunal d'instance.	DROITS dans les autres villes et cantons ruraux.	OBSERVATIONS.
			Fr. C.	Fr. C.	Fr. C.	Fr. C.	
		sera alloué de frais de voyage que dans les mêmes cas.					
		XIII.					
30.	12.	Pour transport sur les lieux contentieux quand il sera ordonné, il sera alloué au greffier les deux tiers de la taxe du juge de paix.	3 33$\frac{1}{3}$	3 "	2 50	1 66$\frac{2}{3}$	Résultat de l'art. 8 du Tarif, n° 16, d'ordre.
		TITRE VI.					
		De la mise en cause des garants.					
		ART. XIV.					
52.	21.	Pour l'original de demande en garantie...	1 50	1 35	1 25	1 25	Cet acte doit porter le coût. V. art, 66 du Tarif, numéro d'ordre, 454.
		Copie de l'acte....................	" 37$\frac{1}{2}$	" 33$\frac{1}{3}$	" 31$\frac{2}{3}$	" 31$\frac{1}{3}$	
	22.	Copie de pièces...................	" 25	" 22$\frac{1}{2}$	" 20	" 20	
		TITRE VII.					
		Des enquêtes.					
		ART. XV.					
34.	21.	Citation à témoins...............	1 50	1 35	1 25	1 25	Idem.
		Copie de l'acte...................	" 37$\frac{1}{2}$	" 33$\frac{1}{3}$	" 31$\frac{2}{3}$	" 31$\frac{1}{2}$	
	22.	Copie de pièces..................	" 25	" 22$\frac{1}{2}$	" 20	" 20	
		XVI.					
58.	8.	Il est alloué au juge de paix pour transport, soit à l'effet de visiter des lieux contentieux, soit à l'effet d'entendre des témoins, lorsque le transport aura été expressément requis par l'une des parties, et que le juge l'aura trouvé nécessaire, par chaque vacation.........	5 "	4 50	3 75	2 50	
		NOTA — Le procès-verbal du juge de paix fera mention de la réquisition de la partie, et il n'est rien alloué à défaut de cette mention.					
		TITRE VIII.					
		Des visites des lieux et des appréciations.					
		ART. XVII.					
42.	21.	Des citations aux experts...........	1 50	1 35	1 25	1 25	Idem.
		Copie de l'acte...................	" 37$\frac{1}{2}$	" 33$\frac{1}{3}$	" 31$\frac{2}{3}$	" 31$\frac{1}{2}$	
	22.	Copie de pièces..................	" 25	" 22$\frac{1}{2}$	" 20	" 20	
		TITRE IX.					
		De la récusation des juges de paix.					
		ART. XVIII.					
45.	14.	Pour la transmission au procureur impérial de la récusation et de la réponse du juge, tous frais de port compris.............	5 "	5 "	5 "	5 "	
		XIX.					
45.	50.	Pour l'original de la récusation du juge de paix, qui en contiendra les motifs, et qui sera					

A *

ARTICLES du CODE.	ARTICLES du TARIF.	NATURE DES ACTES ET NUMÉROS D'ORDRE.	DROITS à Paris, Bordeaux, Rouen et Bruxelles.	DROITS dans les Siéges de Cour d'appel et dans les villes où la population excède 30,000 ames	DROITS dans les villes où il y a Tribunal d'instance.	DROITS dans les autres villes et cantons ruraux.	OBSERVATIONS.
			Fr. C	Fr. C.	Fr. C.	Fr. C.	
		signé par la partie ou son fondé de pouvoirs spécial, ainsi que la copie............	5 "	2 70	2 25	2 25	Cet acte doit porter le coût. V. l'art. 66 du Tarif, numéro d'ordre, 454.
	22·	Copie de l'acte..................	" 75	" 67½	" 56¼	" 56¼	
		Copie de pièces··············	" 25	" 22½	" 20	" 20	
47·	14	XX. _Voyez_ n.° 19 d'ordre.					
		LIVRE II. DES TRIBUNAUX INFÉRIEURS. TITRE I.er _De la conciliation._ ART. XXI.					
52·	21	Original de citation à conciliation·····	1 50	1 35	1 25	1 25	Idem.
		Copie de l'acte·················	" 37½	" 35½	" 31⅓	" 31½	
53·	69	XXII. Il n'est rien alloué à l'avoué dans le cas où il paroîtroit au bureau de conciliation pour sa partie.					
54·	10·	XXIII. Pour l'expédition d'un procès-verbal qui constatera que les parties n'ont pu être conciliées, et qui ne doit contenir qu'une mention sommaire qu'elles n'ont pu s'accorder·····	1 "	" 90	" 80	" 80	
58·	13	XXIV. Il n'est rien alloué pour la mention sur le registre, et sur l'original ou la copie de la citation quand l'une des parties ne comparoît pas.					
65·	77·	TITRE II. _Des ajournements._ XXV. Requête pour obtenir permission de citer un jour de fête·················	5 "	2 70	2 25	"	Quoique ce droit ne soit pas compris dans le Tarif on a cru devoir le rapporter ici, on s'en fonde sur l'art. 77 du Tarif. v. n° d'ordre 27.
59·61· 69,n° 5 etc.	27	XXVI. Pour l'original d'ajournement, même en cas de domicile inconnu en France, et d'afficher à la porte de l'auditoire··········	2 "	1 80	1 50	1 50	Cet acte doit porter le coût. V. l'art. 66 du Tarif, numéro d'ordre, 454.
		Copie de l'acte···············	" 50	" 45	" 37½	" 37½	
65·	28·	Copie de pièces··············	" 25	" 22½	" 20	" 20	
		Le droit de copie de toute espèce de pièces et de jugement appartiendra à l'avoué, quand les copies de pièces seront faites par lui; l'avoué sera tenu de signer les copies de pièces et de jugement; et sera garant de leur exactitude.					

ARTICLES. du CODE.	ARTICLES. du TARIF.	NATURE DES ACTES ET NUMÉROS D'ORDRE.	DROITS à Paris, Bordeaux, Rouen et Bruxelles.	DROITS dans les Siéges de Cour d'appel et dans les villes où la population excède 30,000 ames	DROITS dans les villes où il y a Tribunal d'instance	DROITS dans les autres villes et cantons ruraux.	OBSERVATIONS.
			Fr. C.	Fr. C.	Fr. C.	Fr. C.	
		Les copies seront correctes et lisibles à peine de rejet de la taxe.					
		XXVII.					
72	77	Requête contenant demande pour abréger les délais dans les cas qui requièrent célérité.	3 »	2 70	2 25	» »	Cet acte doit porter le coût. V. l'art. 66 du Tarif, numéro d'ordre, 454t
		TITRE III.					
		Constitution d'avoués et défenses.					
		ART. XXVIII.					
75.	70.	Original de constitution d'avoué · · · · · ·	1 »	» 90	» 75	» »	
		Copie de l'acte · · · · · · · · · · · · · · · · ·	» 23	» 22½	» 18½		
	72	Copie de pièces · · · · · · · · · · · · · · · ·	» 30	» 27	» 25		
		XXIX					
76.	80	Assistance de l'avoué à l'audience, à l'effet de demander acte de sa constitution en cas d'abréviation de délai · · · · · · · · · · · · · ·	1 50	1 35	1 »	» »	
		XXX.					
77	72.	Pour l'original ou grosse des requêtes servant de défenses aux demandes, contenant vingt-cinq lignes à la page et douze syllabes à la ligne, par rôle · · · · · · · · · · · · · ·	2 »	1 80	1 50	» »	
		Les copies de pièces qui seront données avec les défenses, ou qui pourront être signifiées dans les causes, seront taxées à raison du rôle de vingt-cinq lignes à la page et de douze syllabes à la ligne, ou évaluées sur ce pied · · ·	» 30	» 27	» 25	» »	
		Les copies de tous actes ou jugements, qui seront signifiées avec les exploits des huissiers, appartiendront à l'avoué si elles ont été faites par lui, à la charge de les certifier véritables et de les signer.					
		Pour copie des défenses le quart de l'original par rôle ·	» 50	» 45	» 37½		
		XXXI.					
77.	91.	Vacation pour donner et prendre communication des pièces de la cause à l'amiable, sur récépissé ou par la voie du greffe, et le rétablissement entre les mains de l'avoué ou le retrait du greffe, le tout ensemble · · · · · · · ·	3 »	2 70	2 25	» »	
		XXXII.					
78	73.	Pour original ou grosses de requêtes contenant réponses à défenses, qui auront vingt-cinq lignes à la page et douze syllabes à la ligne, par rôle ·	2 »	1 80	1 50	» »	
		Copie de l'acte, par rôle · · · · · · · · · · · ·	» 50	» 45	» 37½	» »	
		XXXIII.					
79-82	70.	Acte d'avoué à avoué pour suivre l'audience					

ARTICLES du CODE	du TARIF	NATURE DES ACTES ET NUMÉROS D'ORDRE.	DROITS à Paris, Bordeaux, Rouen et Bruxelles.	DROITS dans les Sièges de Cour d'appel et dans les villes où la population excède 40,000 âmes	DROITS dans les villes où il y a Tribunal d'instance.	DROITS dans les autres villes et cantons ruraux	OBSERVATIONS.
			Fr. C.	Fr. C.	Fr. C.	Fr. C.	
		sans qu'il puisse en être passé plus d'un seul pour chaque jugement par défaut interlocutoire ou contradictoire · · · · · · · · · · · · · · ·	1 »	» 90	» 75	» »	
		Copie ·	» 25	» 22 $\frac{1}{2}$	» 18 $\frac{1}{4}$	» »	
		TITRE IV.					
		De la communication au ministère public.					
		ART. **XXXIV.**					
85.	90.	Pour communiquer les pièces de la cause au ministère public et les retirer, le tout ensemble ·	1 50	1 35	1 15	» »	
		TITRE V.					
		Des audiences, de leur publicité et de leur police.					
		ART. **XXXV.**					
87.	83.	*Voyez* l'art. 441 d'ordre.					
		TITRE VI.					
		Des délibérés et instructions par écrit.					
		ART. **XXXVI.**					
94.	90.	Vacation pour produire et retirer les pièces dans les causes où il a été ordonné un délibéré au bureau · · · · · · · · · · · · · · · · · ·	1 50	1 55	1 15	» »	
		XXXVII.					
96·97	70.	Acte de déclaration de production par le demandeur, en instruction par écrit, contenant le nombre de rôles dont la requête est composée ·	1 »	» 90	» 75	» »	
		Copie de l'acte · · · · · · · · · · · · · · · · ·	» 25	» 22 $\frac{1}{2}$	» 18 $\frac{1}{4}$	» »	
		XXXVIII.					
96·97	73.	Requête en instruction par écrit, terminée par un état de pièces, par rôle · · · · · · · · · ·	2 »	1 80	1 50	» »	
		Pour copie · · · · · · · · · · · · · · · ·	» 50	» 45	» 57 $\frac{1}{2}$	» »	
		XXXIX.					
96·97	91	Pour produire au greffe dans les causes où il a été ordonné une instruction par écrit · · ·	1 50	1 35	1 15	» »	
		XL.					
102	71	Acte de production nouvelle en instruction par écrit, contenant l'état des pièces · · · · · ·	5 »	4 50	5 75	» »	
		Copie ·	1 25	1 12 $\frac{1}{2}$	» 95 $\frac{5}{4}$	» »	
		XLI.					
102	90.	Pour produire des pièces nouvelles en instruction par écrit. · · · · · · · · · · · · · · · · · ·	1 50	1 35	1 15	» »	

ARTICLES du CODE.	du TARIF.	NATURE DES ACTES ET NUMÉROS D'ORDRE.	DROITS à Paris, Bordeaux, Rouen et Bruxelles.	DROITS dans les Siéges de Cour d'appel et dans les villes où la population excède 30,000 âmes	DROITS dans les villes où il y a Tribunal d'instance.	DROITS dans les autres villes et cantons ruraux.	OBSERVATIONS.
			Fr. C.	Fr. C.	Fr. C.	Fr. C.	
		XLII.					
103	90	Pour prendre en communication les pièces nouvelles produites · · · · · · · · · · · · · · · · ·	1 50	1 35	1 15	» »	
		XLIII.					
104	70	*Voyez* l'art. 36 d'ordre.					
		XLIV.					
104	74	Dans les instructions par écrit les grosses et les copies de toutes les requêtes porteront la déclaration du nombre des rôles dont elles sont composées, à peine du rejet de la taxe.					
		XLV.					
107	90	Pour prendre le certificat du greffier, constatant que la partie adverse n'a pas produit dans les délais fixés · · · · · · · · · · · · · · · · · ·	1 50	1 35	1 15	» »	
		XLVI.					
109	90	Pour requérir le greffier après que toutes les parties ont produit, ou après l'expiration des délais, de remettre les pièces au rapporteur.	1 50	1 35	1 15	» »	
		XLVII.					
110	76	Requête pour faire nommer un autre rapporteur. ·	2 »	1 80	1 50	» »	
		XLVIII.					
110	70	Original de la signification de l'ordonnance du président, portant nomination d'un autre rapporteur, en cas de décès, démission ou impossibilité de faire le rapport · · · · · · · ·	1 »	» 90	» 75	» »	
		Copie ·	» 25	» 22½	» 18¼	» »	
		XLIX.					
115	70	Sommation d'être présent au relevé de pièces après les jugements, sur délibéré ou instruction par écrit · · · · · · · · · · · · · · · ·	1 »	» 90	» 75	» »	
		Copie ·	» 25	» 22½	» 18¼	» »	
		L.					
115	91	Pour retirer les pièces du greffe · · · · · · ·	3 »	2 70	2 25	» »	
		TITRE VII.					
		Des jugements.					
		ART. LI.					
121	29	Sommation d'être présent à la prestation d'un serment ordonné · · · · · · · · · · · · · · ·	2 »	1 80	1 50	» »	
		Copie ·	» 50	» 45	» 57½	» »	
	29 28	Copie de pièces ·	» 25	» 22½	» 20	» »	
		LII.					
121	70	Sommation d'avoué à avoué pour être présent à la prestation du serment ordonné · · · ·	1 »	» 90	» 75	» »	

ARTICLES du CODE	ARTICLES du TARIF	NATURE DES ACTES ET NUMÉROS D'ORDRE.	DROITS à Paris, Bordeaux, Rouen et Bruxelles	DROITS dans les Siéges de Cour d'appel et dans les villes ou la population excéde 30,000 ames	DROITS dans les villes où il y a Tribunal d'instance	DROITS dans les autres villes et cantons ruraux	OBSERVATIONS.
			Fr. C.	Fr. C.	Fr. C.	Fr. C.	
		Copie	» 25	» 22 $\frac{1}{2}$	» 18 $\frac{1}{4}$	» »	
		LIII.					
142	87	Pour l'original des qualités contenant les noms, professions et demeures des parties, leurs conclusions et les points de fait et de droit, sans que les motifs des conclusions puissent y être insérés, ni qu'on puisse rappeler dans les points de fait et de droit, les moyens des parties. Savoir : pour celles d'un jugement par défaut	3 75	3 37 $\frac{1}{2}$	2 80	» »	
		Pour celles d'un jugement contradictoire sur plaidoierie ou délibéré	7 50	6 75	5 50	» »	
142	88	Copie	1 87 $\frac{1}{2}$	1 68 $\frac{1}{4}$	1 37 $\frac{1}{2}$	» »	
		Celles d'un jugement en instruction par écrit	10 »	9 »	7 50	» »	
		Copie	2 50	2 25	1 87 $\frac{1}{2}$	» »	
		LIV.					
144	90	Pour former opposition à des qualités, le droit ne sera porté qu'autant que le président aura ordonné une réformation	1 50	1 35	1 25	» »	
		LV.					
145	70	Sommation d'avoué à avoué pour être réglé sur une opposition aux qualités	1 »	» 90	» 75	» »	
		Copie	» 25	» 22	» 18 $\frac{1}{4}$	» »	
		LVI.					
145	90	Pour faire régler les qualités en cas d'opposition	1 50	1 35	1 15	» »	
		LVII.					
147	29	Signification de jugement à domicile . . .	2 »	1 80	1 50	1 50	V. pour la copie du jugement l'article 30 d'ordre.
		Copie	» 50	» 45	» 37 $\frac{1}{2}$	» 37 $\frac{1}{2}$	Cet acte doit porter le coût. V. art. 66 du Tarif, numéro d'ordre 454.
		TITRE VIII.					
		Des jugements par défaut et oppositions.					
		LVIII.					
149	82	*Voyez* le n.º 440 d'ordre.					
		LIX.					
155	29	Signification de jugement de jonction par un huissier commis	2 »	1 80	1 50	1 50	
		Copie	» 50	» 45	» 37 $\frac{1}{2}$	» 37 $\frac{1}{2}$	
		LX.					
156	29	Signification de jugement par défaut contre partie, par huissier commis	2 »	1 80	1 50	1 50	
		Copie	» 50	» 45	» 37 $\frac{1}{2}$	» 37 $\frac{1}{2}$	
		LXI.					
156	76	Requête pour faire commettre un huissier					

ARTICLES du CODE.	du TARIF.	NATURE DES ACTES EN NUMÉROS D'ORDRE.	DROITS à Paris, Bordeaux, Rouen et Bruxelles.	DROITS dans les Siéges de Cour d'appel et dans les villes où la population excède 30,000 ames	DROITS dans les villes où il y a Tribunal d'instance.	DROITS dans les autres villes et cantons ruraux.	OBSERVATIONS.
			Fr. C.	Fr. C.	Fr. C.	Fr. C.	
		à l'effet de faire signifier un jugement par défaut contre partie · · · · · · · · · · · · · · · ·	2 »	1 80	1 50	» »	
		LXII.					
156 157	89.	Pour copie de tout jugement à avoué ou à domicile, pour chaque rôle d'expédition ·	» 30	» 27	» 25	» »	
		LXIII.					
161·	75	Grosse de requête d'opposition aux jugements par défaut, contenant les moyens, par chaque rôle ·	2 »	1 80	1 50	» »	
		Si les moyens ont été fournis avant le jugement par défaut, la requête d'opposition sans les moyens, ne sera perçue que pour un rôle.					
		Copie ·	» 50	» 45	» 37 ½	» »	
		LXIV.					
162·	29.	Acte de signification d'opposition au jugement rendu par défaut, contre partie · · · ·	2 »	1 80	1 50	» »	Cet acte doit porter le coût. V l'art. 66 du Tarif, numéro d'ordre, 454.
		Copie ·	» 50	» 45	» 37 ½	», »	
		LXV.					
163 164	90.	Vacation pour faire la mention sur le registre tenu au greffe de l'opposition au jugement par défaut · · · · · · · · · · · · · · · · · ·	2 »	1 80	1 50	» »	
		TITRE IX.					
		Des exceptions.					
		§ I.					
		De la caution à fournir par les étrangers.					
		ART. LXVI.					
166	75	Pour la grosse de la requête, qui ne pourra excéder deux rôles, tendant à ce que l'étranger demandeur soit tenu de fournir caution, par rôle ·	2 »	1 80	1 50	» »	
		Copie. ·	» 50	» 45	» 37 ½	» »	
		Idem, pour la requête en réponse.					
		§ II.					
		Des renvois.					
		ART. LXVII.					
168·	75	Requête pour proposer un déclinatoire qui ne pourra excéder six rôles, par rôle · · · · ·	2 »	1 80	1 50	» »	
		Copie ·	» 50	» 45	» 37 ½	» »	
		§ III.					
		Des nullités.					
		ART. LXVIII.					
173·	75·	Requête en nullité de la demande ou du jugement, qui ne pourra excéder six rôles · ·	2 »	1 80	1 50	» »	

B

ARTICLES du CODE.	du TARIF.	NATURE DES ACTES ET NUMÉROS D'ORDRE	DROITS à Paris, Bordeaux, Rouen et Bruxelles	DROITS dans les Siéges de Cour d'appel et dans les villes ou la population excède 30,000 ames	DROITS dans les villes où il y a Tribunal d'instance.	DROITS dans les autres villes et cantons ruraux.	OBSERVATIONS.
			Fr. C.	Fr. C.	Fr. C.	Fr. C.	
		Copie	" 50	" 45	" $37\frac{1}{2}$	" "	
		Idem, en réponse.					
		§ IV.					
		Des exceptions dilatoires.					
		ART. LXIX.					
174	75	Requête pour demander délai pour délibérer et faire inventaire, qui ne pourra excéder six rôles, par rôle	2 "	1 80	1 50	" "	
		Copie	" 50	" 45	" $37\frac{1}{2}$	" "	
		Idem, en réponse.					
		LXX.					
179	70	Acte en déclaration au demandeur originaire de la part du défendeur, qu'il a formé une demande en garantie	1 "	" 90	" 75	" "	
		Copie	" 25	" $22\frac{1}{2}$	" $18\frac{1}{4}$	" "	
		Idem, pour la dénomination de la demande en garantie.					
		LXXI.					
180	75	Requête pour soutenir qu'il n'y a lieu d'appeler garant, qui ne pourra excéder six rôles, par rôle	2 "	1 80	1 50	" "	
		Pour la copie	" 50	" 45	" $37\frac{1}{2}$	" "	
		Idem, pour la réponse.					
		§ V.					
		De la communication des pièces.					
		ART. LXXII.					
188	70	Sommation de communiquer les pièces signifiées ou employées dans la cause	1 "	" 90	" 75	" "	
		Copie	" 25	" $22\frac{1}{2}$	" $18\frac{1}{4}$	" "	
		LXXIII.					
189	91	*Voyez* le n.º 51 d'ordre.					
		LXXIV.					
191	70	Signification de requête portant que l'avoué qui retient des pièces sera tenu de les remettre.	1 "	" 90	" 75	" "	
		Copie	" 25	" $22\frac{1}{2}$	" $18\frac{1}{4}$	" "	
		LXXV.					
191	76	Requête pour faire contraindre un avoué à remettre les pièces qu'il a prises en communication	2 "	1 80	1 50	" "	
		Copie	" 50	" 45	" $37\frac{1}{2}$	" "	
		LXXVI.					
192	75	Requête d'opposition à une ordonnance portant contrainte de remettre des pièces, qui ne pourra excéder deux rôles, par rôle	2 "	1 80	1 50	" "	

ARTICLES du CODE.	du TARIF.	NATURE DES ACTES ET NUMÉROS D'ORDRE.	DROITS à Paris, Bordeaux, Rouen et Bruxelles.	DROITS dans les Siéges de Cour d'appel et dans les villes où la population excede 30,000 ames	DROITS dans les villes où il y a Tribunal d'instance	DROITS dans les autres villes et cantons ruraux.	OBSERVATIONS.
			Fr. C.	Fr. C.	Fr. C.	Fr. C.	
		Copie.........................	» 50	» 45	» $37\frac{1}{2}$	» »	
		TITRE X. *De la vérification des écritures.* ART. LXXVII.					
196.	92	Vacation pour déposer au greffe une pièce dont l'écriture est déniée, et assistance au procès-verbal dressé par le greffier, de l'état de la pièce......................	6 »	5 40	4 50	» »	
		LXXVIII.					
196.	70.	Signification de l'acte de dépôt au greffe, de la pièce dont l'écriture est déniée........	1 »	» 90	» 75	» »	
		Copie.........................	» 25	» $22\frac{1}{2}$	» $18\frac{3}{4}$	» »	
		LXXIX.					
198.	92.	Pour prendre communication de ladite pièce et assistance au procès-verbal dressé par le greffier.....................	6 »	5 40	4 50	» »	
		LXXX.					
199	76	Requête pour obtenir l'ordonnance du juge-commissaire en vérification d'écriture, à l'effet de sommer la partie adverse de comparoître à heure et jour certains, pour convenir de pièces de comparaison........	2 »	1 80	1 50	» »	
		LXXXI.					
199	92	Vacation devant le juge-commissaire, pour convenir de pièces de comparaison.....	6 »	5 40	4 50	» »	
		LXXXII.					
201. 204. 205. 221. 225.	166.	Il sera taxé aux dépositaires qui devront représenter les pièces de comparaison en vérification d'écritures ou arguées de faux en inscription de faux incident, indépendamment de leurs frais de voyage, par chaque vacation de trois heures par-devant le commissaire ou greffier, savoir :					
		1.° Aux greffiers { 1.° des Cours d'appel..	12 »	12 »	12 »	» »	
		2.° de la justice criminelle.	12 »	12 »	12 »	» »	
		3.° des tribunaux de première instance.....	10 »	10 »	10 »	» »	
		2.° Aux notaires.................	9 »	6 75	6 75	6 75	
		3.° Aux avoués { 1.° des Cours d'appel...	8 »	8 »	8 »	» »	
		2.° des Tribunaux d'instance............	6 »	6 »	6 »	» »	
		4.° Aux huissiers.............	5 »	4 »	4 »	4 »	
		5.° Aux autres fonctionnaires publics ou autres particuliers, s'ils le requièrent.....	6 »	6 »	6 »	6 »	

B

ARTICLES du CODE.	du TARIF	NATURE DES ACTES ET NUMÉROS D'ORDRE.	DROITS à Paris, Bordeaux, Rouen et Bruxelles	DROITS dans les Siéges de Cour d'appel et dans les villes où la population excède 50,000 âme	DROITS dans les villes où il y a Tribunal d'instance	DROITS dans les autres villes et cantons ruraux.	OBSERVATIONS.
			Fr. C.	Fr. C.	Fr. C.	Fr. C.	
205	75	**LXXXIII.** Requête servant de réponse aux productions de nouvelles pièces qui ne pourront excéder six rôles . . . . Copie	2 » » 50	1 80 » 45	1 50 » $5\frac{1}{2}$	» » » »	
204	29	**LXXXIV.** Sommation aux experts et aux dépositaires des pièces de comparaison en vérification d'écriture . . . . Copie	2 » » 50	1 80 » 45	1 50 » $57\frac{1}{2}$	1 50 » $57\frac{1}{2}$	Cet acte doit porter le coût. V. l'art. 66 du Tarif, numéro d'ordre, 454.
204	70	**LXXXV.** Sommation de paroître devant le juge-commissaire en vérification d'écritures pour être présent au serment des experts et à la représentation des pièces de comparaison . . . Copie	1 » » 25	» 90 » $22\frac{1}{2}$	» 75 » $18\frac{1}{4}$	» » » »	
204	76	**LXXXVI.** Requête afin d'obtenir l'ordonnance du commissaire en vérification d'écritures, pour sommer les experts de prêter le serment, et les dépositaires de représenter les pièces de comparaison	2 »	1 80	1 50	» »	
204 207	92	**LXXXVII.** Pour être présent au serment des experts, à la représentation des pièces de comparaison, et faire les réquisitions et observations, par chaque vacation	6 »	5 40	4 50	» »	
206	92	**LXXXVIII.** Vacation à la confection du corps d'écriture fait par le défendeur, s'il est ainsi ordonné .	6 »	5 40	4 50	» »	
206	70	**LXXXIX.** Sommation pour être présent à la confection d'un corps d'écriture . . . . Copie	1 » » 25	» 90 » $22\frac{1}{2}$	» 75 » $18\frac{1}{4}$	» » » »	
207	92	**XC.** *Voyez* n.° 87 d'ordre.					
208 252	164	**XCI.** *Voyez* n.ᵉˢ d'ordres, 157, 158.					
		TITRE XI. *Du faux incident civil.*					
215	71	**XCII.** Sommation à la partie adverse de déclarer si elle veut ou non se servir d'une pièce pro-					

ARTICLES du CODE.	du TARIF.	NATURE DES ACTES ET NUMÉROS D'ORDRE.	DROITS à Paris, Bordeaux, Rouen et Bruxelles.	DROITS dans les Siéges de Cour d'appel et dans les villes ou la population excede 30,000 ames	DROITS dans les villes où il y a Tribunal d'instance.	DROITS dans les autres villes et cantons ruraux.	OBSERVATIONS.
			Fr. C.	Fr. C.	Fr. C.	Fr. C.	
		duite, avec déclaration que, dans le cas où elle s'en serviroit, le demandeur s'inscrira en faux	5 »	4 50	3 75	» »	
		Copie	1 25	1 12½	» 93¾	» »	
210	71.	**XCIII.** Déclaration de la partie sommée, signée d'elle ou du fondé de pouvoirs de sa procuration spéciale et authentique, dont il sera donné copie, qu'elle entend se servir ou non de la pièce arguée de faux	5 »	4 50	3 75	» »	
		Copie	1 25	1 12½	» 93¼	» »	
218.	92	**XCIV.** Vacation pour former une inscription de faux au greffe	6 »	5 40	4 50	» »	
219.	70	**XCV.** Signification d'acte de dépôt au greffe d'une pièce arguée de faux	1 »	» 90	» 75	» »	
		Copie	» 25	» 22½	» 18¾	» »	
219 220.	91	**XCVI.** Vacation pour déposer au greffe les pièces arguées de faux	3 »	2 70	2 35	» »	
221.	70	**XCVII.** Sommation pour être présent à la réquisition d'apport au greffe, de la minute de la pièce arguée de faux	1 »	» 90	» 75	» »	
		Copie	» 25	» 22½	» 18¾	» »	
221.	76	**XCVIII.** Requête au juge-commissaire en inscription de faux incident, pour faire ordonner l'apport de la minute de la pièce arguée de faux	2 »	1 80	1 50	» »	
221	92	**XCIX.** Vacation pour requérir du juge-commissaire son ordonnance à l'effet de faire apporter au greffe la pièce arguée de faux dont il y a minute	6 »	5 40	4 50	» »	
223	29	**C.** Signification aux dépositaires de l'ordonnance ou du jugement qui porte que la minute de la pièce sera apportée au greffe	2 »	1 80	1 50	1 50	Cet acte doit porter le coût. V. l'art 66 du Tarif, numéro d'ordre, 424.
		Copie	» 50	» 45	» 37½	» 37½	
224.	70.	**CI.** Signification de l'ordonnance portant que la minute de la pièce arguée de faux sera apportée au greffe	1 »	» 90	» 75	» »	

ARTICLES du CODE.	ARTICLES du TARIF.	NATURE DES ACTES ET NUMÉROS D'ORDRE.	DROITS à Paris, Bordeaux, Rouen et Bruxelles.	DROITS dans les Siéges de Cour d'appel et dans les villes où la population excède 30,000 âmes.	DROITS dans les villes où il y a Tribunal d'instance.	DROITS dans les autres villes et cantons ruraux.	OBSERVATIONS.
			Fr. C.	Fr. C.	Fr. C.	Fr. C.	
		Copie	" 25	" 22 ½	" 18 ½	" "	
225.	70.	**CII.** Signification de l'acte de dépôt au greffe de la pièce arguée de faux, avec sommation d'être présent au procès-verbal qui sera dressé de son état	1 "	" 90	" 75	" "	
		Copie	" 25	" 22 ½	" 18 ½	" "	
226.	92.	**CIII.** Vacation au procès-verbal de l'état des pièces arguées de faux	6 "	5 40	4 50	" "	
228.	92.	**CIV.** Vacation de l'avoué du demandeur, pour prendre en tout état de cause communication de la pièce arguée de faux	6 "	5 40	4 50	" "	
229.	75.	**CV.** Requête contenant les moyens de faux, par rôle	2 "	1 80	1 50	" "	
		Copie	" 50	" 45	" 37 ½	" "	
230.	75.	**CVI.** Requête contenant réponse aux moyens de faux, par rôle	2 "	1 80	1 50	" "	
		Copie	" 50	" 45	" 37 ½	" "	

TITRE XII.

Des enquêtes.

ART.	TARIF						
252.	71.	**CVII.** Acte contenant articulation succincte des faits dont une partie demande à faire la preuve	5 "	4 50	3 75	" "	
		Copie	1 25	1 12 ½	" 93 ¾	" "	
252.	71.	**CVIII.** Acte contenant réponse au précédent, et dénégation avec connoissance des faits	5 "	4 50	3 75	" "	
		Copie	1 25	1 12 ½	" 93 ¾	" "	
259.	76.	**CIX.** Requête au juge commis pour procéder à une enquête, à l'effet d'obtenir son ordonnance, indiquant les jour et heure pour lesquels les témoins seront assignés	2 "	1 80	1 50	" "	
259.	91.	**CX.** Vacation pour requérir l'ordonnance du juge-commissaire, à l'effet de procéder à une requête et signer le procès-verbal d'ouverture.	3 "	2 70	2 25	" "	

ARTICLES du CODE.	du TARIF.	NATURE DES ACTES ET NUMÉROS D'ORDRE.	DROITS à Paris, Bordeaux, Rouen et Bruxelles.	DROITS dans les Siéges de Cour d'appel et dans les villes où la population excède 30,000 ames	DROITS dans les villes où il y a Tribunal d'instance.	DROITS dans les autres villes et cantons ruraux.	OBSERVATIONS.
			Fr. C.	Fr. C	Fr. C.	Fr. C.	
260.	29	**CXI.** Assignation aux témoins	2 ,,	1 80	1 50	1 50	Cet acte doit porter le coût. *V.* l'art. 66 du Tarif, numéro d'ordre, 454.
		Copie	,, 50	,, 45	,, 37½	,, 37½	
261.	29	**CXII.** Assignation à la partie contre laquelle se fait l'enquête	2 ,,	1 80	1 50	1 50	
		Copie	,, 50	,, 45	,, 37½	,, 37½	
269.	167.	**CXIII.** *Voyez* n.° 457 d'ordre.					
270.	92	**CXIV.** Vacation à l'audition des témoins, par trois heures	6 ,,	5 40	4 50	,, ,,	
282.	71	**CXV.** Acte contenant justification des reproches par écrit	5 ,,	4 50	3 75	,, ,,	
		Copie	1 25	1 12½	,, 93¾	,, ,,	
286.	70	**CXVI.** Signification des procès-verbaux d'enquête	1 ,,	,, 90	,, 75	,, ,,	
		Copie	,, 25	,, 22½	,, 18¼	,, ,,	
289.	71	**CXVII.** Acte contenant offre de prouver les reproches contre les témoins non justifiés par écrit, et désignation des témoins à entendre sur les reproches	5 ,,	4 50	3 75	,, ,,	
		Copie	1 25	1 12½	,, 93¾	,, ,,	
		Idem, pour l'acte en réponse					

TITRE XIII.

Des descentes sur les lieux.

ART. CXVIII.

297.	70	Signification de l'ordonnance du juge commis pour faire une descente sur les lieux, contenant la désignation des jour, lieu et heure, et sommation d'y être présent	1 ,,	,, 90	,, 75	,, ,,	
		Copie	,, 25	,, 22½	,, 18¼	,, ,,	
297.	76.	**CXIX.** Requête au juge-commissaire pour faire une descente sur les lieux, à l'effet d'obtenir son ordonnance portant l'indication des jour, lieu et heure	2 ,,	1 80	1 50	,, ,,	
297.	92	**CXX.** Vacation pour les descentes sur lieux, par trois heures	6 ,,	5 40	4 50	,, ,,	

ARTICLES du CODE.	du TARIF.	NATURE DES ACTES ET NUMÉROS D'ORDRE.	DROITS à Paris, Bordeaux, Rouen et Bruxelles.	DROITS dans les Siéges de Cour d'appel et dans les villes ou la population excède 30,000 âmes	DROITS dans les villes où il y a Tribunal d'instance	DROITS dans les autres villes et cantons ruraux.	OBSERVATIONS.
			Fr. C.	Fr. C.	Fr. C.	Fr. C.	
299	70	**C.XXI.** Signification du procès-verbal du juge-commissaire qui a fait une descente sur les lieux	1 »	» 90	» 75	» »	
		Copie	» 25	» 22 ½	» 18 ¾	» »	
		TITRE XIV. *Des rapports d'experts.*					
306	91	**ART CXXII.** Vacation pour faire la déclaration au greffe des experts convenus	3 »	2 70	2 25	»	
307	29	**CXXIII.** Signification de l'ordonnance du juge-commissaire, pour faire prêter serment aux experts	2 »	1 80	1 50	1 50	Cet acte doit porter le coût. V. l'art. 66 du Tarif, numéro d'ordre, 454.
		Copie	» 50	» 45	» 37 ½	» 37 ½	
307	76	**CXXIV.** Requête au juge-commissaire pour demander son ordonnance, à l'effet de faire prêter serment aux experts convenus ou nommés d'office	2 »	1 80	1 50	» »	
307	91	**CXXV.** Vacation pour être présent à la prestation de serment des experts devant le juge-commissaire	3 »	2 70	2 25	» »	
309	71	**CXXVI.** Acte contenant les moyens de récusation contre les experts	5 »	4 50	3 75	« »	
		Copie	1 25	1 12 ½	» 93 ¾	» »	
311	71	**CXXVII.** Acte contenant réponse aux moyens de récusation	5 »	4 50	3 75	» »	
		Copie	1 25	1 12 ½	» 93 ¾	» »	
315	70	**CXXVIII.** Sommation contenant indication des jour et heure choisis par les experts, si la partie n'étoit pas présente à leur prestation de serment	1 »	» 90	» 75	» »	
		Copie	» 25	» 22 ½	» 18 ¾	» »	
315	91	**CXXIX.** *Voyez n.º 125 d'ordre.*					
317 320	15	**CXXX.** Il sera taxé au greffier du juge de paix qui aura assisté aux opérations des experts, et qui					

ARTICLES du CODE.	du TARIF.	NATURE DES ACTES ET NUMÉROS D'ORDRE.	DROITS à Paris, Bordeaux. Rouen et Bruxelles.	DROITS dans les Siéges de Cour d'appe et dans les villes où la population excède 30,000 âmes	DROITS dans les villes où il y a Tribunal d'instance	DROITS dans les autres villes et cantons ruraux.	OBSERVATIONS.
			Fr. C.	Fr. C.	Fr. C.	Fr. C.	
		aura écrit la minute de leur rapport, dans le cas où tous ou l'un d'eux ne sauroit écrire, les deux tiers des vacations allouées aux experts.					
		CXXXI.					
317	92	Vacations des avoués aux rapports d'experts, s'ils en sont expressément requis par leur parties, pour ne les répéter que contre elles, et sans qu'elles puissent entrer en taxe, par trois heures · · · · · · · · · · · · · · · ·	6 »	5 40	4 50	» »	
		CXXXII.					
320	159	Il sera taxé aux experts, par chaque vacation de trois heures, quand ils opéreront dans les lieux où ils sont domiciliés, ou dans la distance de deux myriamètres, savoir :					
		Aux artisans et laboureurs. · · · · · · · · ·	4 »	3 »	3 »	3 »	
		Aux architectes et autres artistes · · · · ·	8 »	6 »	6 »	6 »	
		CXXXIII.					
320	160	Au-delà de deux myriamètres, il sera alloué, par chaque myriamètre, pour frais de voyage et nourriture, aux architectes et autres artistes, soit pour aller, soit pour revenir · · · · · · · · · · · · · · · · ·	6 »	4 50	4 50	4 50	
		CXXXIV.					
320	161	Il leur sera alloué pendant leur séjour, à la charge de faire quatre vacations par jour. · ·	52 »	24 »	24 »	24 »	
		S'il y a lieu à transport d'un laboureur au-delà de deux myriamètres, il sera alloué trois francs par myriamètre pour aller et autant pour le retour, sans néanmoins qu'il puisse rien être alloué au-delà de cinq myriamètres.					
		CXXXV.					
320	162	Il sera encore alloué aux experts deux vacations, l'une pour leur prestation de serment, l'autre pour le dépôt de leur rapport, indépendamment de leurs frais de transport, s'ils sont domiciliés à plus de deux myriamètres de distance du lieu où siége le tribunal; il leur sera accordé, en ce cas, le cinquième de leur journée de campagne.					
		Au moyen de cette taxe, les experts ne pourront rien réclamer ni pour frais de voyage et de nourriture, ni pour s'être fait aider par des écrivains, ou par des toiseurs et porte-chaines, ni sous quelqu'autre prétexte que ce soit ; ces frais, s'ils ont eu lieu, restant à leur charge.					

C

ARTICLES du CODE.	du TARIF.	NATURE DES ACTES ET NUMÉROS D'ORDRE.	DROITS A Paris, Bordeaux Rouen et Bruxelles.	DROITS dans les Siéges de Cour d'appel et dans les villes où la population excède 30,000 ames	DROITS dans les villes où il y a Tribunal d'instance.	DROITS dans les autres villes et cantons ruraux.	OBSERVATIONS.
			Fr. C.	Fr. C.	Fr. C.	Fr. C.	
		Le président en procédant à la taxe de leurs vacations, en réduira le nombre s'il lui paroît excessif.					
520	163.	**CXXXVI.** Il sera taxé aux experts en vérifications d'écritures, et en cas d'inscription de faux incident, par chaque vacation de trois heures, indépendamment des frais de voyage s'il y a lieu............................	8 »	7 20	6 »	6 »	
208. 232	164	**CXXXVII.** Il ne sera rien alloué pour prestation de serment ni pour dépôt de leur procès-verbal, attendu qu'ils doivent opérer en présence du juge ou du greffier, et que le tout est compris dans leurs vacations..					
208. 232.	165	**CXXXVIII.** Il sera alloué aux experts, pour frais de voyage, s'ils sont domiciliés à plus de deux myriamètres du lieu où se fait la vérification.. A raison de cinq myriamètres par journée, et au moyen de cette taxe, ils ne pourront rien réclamer pour frais de transport et de nourriture.	32 »	28 80	24 »	24 »	
521.	70	**CXXXIX.** De la signification du rapport des experts· Copie ·	1 » » 25	» 90 » 22¼	» 75 » 18¼	» » » »	
		TITRE XV. *De l'interrogatoire sur faits et articles.*					
523	79	**CXL.** Requête pour avoir permission de faire interroger sur faits et articles, contenant les faits. Cette requête ne sera point signifiée à la partie appelée avant le jugement qui admettra ou rejetera la demande afin de faire interroger; elle ne sera notifiée qu'avec le jugement et l'ordonnance du juge commis pour faire subir l'interrogatoire	15 »	13 50	12 »	» »	
529	29	**CXLI.** Signification de requête et ordonnance pour faire subir un interrogatoire sur faits et articles............................ Copie ·	2 » » 50	1 80 » 45	1 50 » 37½	1 50 » 37½	Cet acte doit à partir le c doit, F t. 65 du Tarif, numéros d'ordre, 454.
533	70	**CXLII.** Acte en signification de l'interrogatoire sur faits et articles.................... Copie	1 » » 25	» 90 » 22	» 75 » 18	» » » »	

ARTICLES du CODE.	du TARIF.	NATURE DES ACTES ET NUMÉROS D'ORDRE.	DROITS à Paris, Bordeaux, Rouen et Bruxelles.	DROITS dans les Siéges de Cour d'appel et dans les villes où la population excède 30.000 âmes.	DROITS dans les villes où il y a Tribunal d'instance.	DROITS dans les autres villes et cantons ruraux.	OBSERVATIONS.
			Fr. C.	Fr. C.	Fr. C.	Fr. C.	
		TITRE XVI. *DES INCIDENTS.* *Des demandes incidentes.* ART. CXLIII.					
337.	71.	Acte contenant les moyens et conclusions des demandes incidentes	5 »	4 50	3 75	» »	
		Copie	1 25	1 12 $\frac{1}{2}$	» 93 $\frac{3}{4}$	» »	
		Idem, acte en réponse.					
		CXLIV.					
339.	75	Requête d'intervention, par rôle	2 »	1 80	1 50	» »	
		Copie	» 50	» 45	» 57 $\frac{1}{2}$	» »	
		Idem, pour la réponse.					
		TITRE XVII. *Des reprises d'instances et constitutions de nouvel avoué.* ART. CXLV.					
344.	70.	Acte en notification du décès d'une partie	1 »	» 90	» 75	» »	
		Copie	» 25	» 22 $\frac{1}{2}$	» 18 $\frac{3}{4}$	» »	
		CXLVI.					
347.	71.	Acte de reprise d'instance	5 »	4 50	3 75	» »	
		Copie	1 25	1 12 $\frac{1}{2}$	» 93 $\frac{3}{4}$	» »	
		CXLVII.					
348.	75.	Requête contenant constitution sur la demande en reprise d'instance, qui ne pourra excéder six rôles, par rôle	2 »	1 80	1 50	» »	
		Copie	» 50	» 45	» 57 $\frac{1}{2}$	» »	
		Idem, pour la réponse.					
		CXLVIII.					
350.	29.	Acte en signification du jugement rendu par défaut contre partie, sur demande en reprise d'instance ou constitution de nouvel avoué	2 »	1 80	1 50	1 50	Cet acte doit porter le coût. *V.* art. 66 du Tarif, numéro d'ordre, 454.
		Copie	» 50	» 45	» 57 $\frac{1}{2}$	» 57 $\frac{1}{2}$	
		TITRE XVIII. *Du désaveu.* ART. CXLIX.					
353	92.	Vacation pour former un désaveu au greffe, contenant les moyens, conclusions et constitution d'avoué	6 »	5 40	4 50	» »	
		CL.					
354.	70.	Acte en signification de désaveu	1 »	» 90	» 75	» »	
355.		Copie	» 25	» 22 $\frac{1}{2}$	» 18 $\frac{3}{4}$	» »	

C

ARTICLES du CODE.	du TARIF.	NATURE DES ACTES ET NUMÉROS D'ORDRE.	DROITS à Paris, Bordeaux, Rouen et Bruxelles	DROITS dans les Sièges de Cour d'appel et dans les villes ou la population excède 30,000 âmes	DROITS dans les villes où il y a Tribunal d'instance.	DROITS dans les autres villes et cantons ruraux.	OBSERVATIONS.
			Fr. C.	Fr. C.	Fr. C.	Fr. C	
		CLI.					
554.	75.	Requête servant de moyens contre un désaveu, par rôle...............	2 »	1 80	1 50	» »	
		Copie	» 50	» 45	» 37 ½	» »	
		CLII.					Cet acte doit porter
555.	29.	Acte en signification de désaveu.......	2 »	1 80	1 50	» »	le coût. V. l'art. 66 du
		Copie	» 50	» 45	» 57 ½	» »	Tarif, numéro d'or-
		CLIII.					dre, 454.
561.	91.	Vacation pour faire la mention en marge de l'acte de désaveu du jugement qui l'aura rejeté	5 »	2 70	2 25	» »	
		TITRE XIX.					
		Des réglements de juges.					
		ART. **CLIV.**					
564.	78.	Requête afin d'obtenir permission d'assigner en réglement de juges..........	7 50	6 75	5 50	» »	
		CLV.					
565.	29.	Signification de jugement portant permission d'assigner en réglement de juges, contenant assignation..................	2 »	1 80	1 50	» »	Idem.
		Copie	» 50	» 45	» 37 ½	» »	
		TITRE XX.					
		Du renvoi à un autre tribunal, pour parenté ou alliance.					
		CLVI					
570.	92.	Vacation pour former, par acte au greffe, la demande afin de renvoi d'un tribunal à un autre, pour parenté ou alliance.......	6 »	5 40	4 50	» »	
		CLVII.					Malgré que ce droit ne
571. N.° 1.	90.	Vacation à communiquer pièces aux juges, à raison desquelles le renvoi est demandé, et les retirer, le tout ensemble	1 50	1 55	1 15	» »	soit pas porté au Tarif, on a cru le devoir porter ici ; il résulte du Tarif, soit le n° 83 du Code de procédure.
		CLVIII.					
572.	70.	Signification de l'acte afin de renvoi d'un tribunal à un autre, des pièces y annexées et du jugement intervenu.................	1 »	» 90	» 75	» »	
		Copie	» 25	» 22 ½	» 18 ½	» »	
		CLIX.					
575.	75.	Requête contre la demande afin de renvoi d'un tribunal à un autre, pour cause de parenté ou alliance, par rôle.............	2 »	1 80	1 50	» »	
		Copie	» 50	» 45	» 5 .	» »	

ARTICLES du CODE.	du TARIF.	NATURE DES ACTES ET NUMÉROS D'ORDRE.	DROITS à Paris, Bordeaux, Rouen et Bruxelles.	DROITS dans les Siéges de Cour d'appel et dans les villes où la population excède 40,000 ames	DROITS dans les villes où il y a Tribunal d'instance.	DROITS dans les autres villes et cantons ruraux.	OBSERVATIONS.
			Fr. C.	Fr. C.	Fr. C.	Fr. C.	
		TITRE XXI. *De la récusation.* ᴀʀᴛ. CLX.					
384.	92.	Vacation pour faire au greffe l'acte contenant les moyens de récusation contre un juge.	6 »	5 40	4 50	» »	Malgré que ce droit ne soit pas porté au Tarif, on a cru devoir le porter ici; il résulte de l'art. 90 du Tarif, sous le n.° 83 du Code de procédure.
		CLXI.					
385. N.° 1.	90.	Vacation à communiquer pièces au juge récusé et les retirer.	1 50	1 35	1 15	» »	
		CLXII.					
392.	92.	Vacation pour interjeter appel au greffe, du jugement qui aura rejeté la récusation, avec énonciation des moyens, et dépôt des pièces au soutien.	6 »	5 40	4 50	» »	
		CLXIII.					
396.	70.	Signification de l'arrêt intervenu sur l'appel d'un jugement qui aura rejeté une récusation, ou du certificat du greffier de la cour d'appel, contenant que l'appel n'est pas jugé, et indication du jour où il doit l'être.	1 »	» 90	» 75	» »	
		Copie.	» 25	» 22½	» 18¾	» »	
		TITRE XXII. *De la péremption.* ᴀʀᴛ. CLXIV.					
400.	75.	Requête en péremption d'instance, qui ne pourra excéder six rôles, par rôle.	2 »	1 80	1 50	» »	
		Copie.	» 50	» 45	» 37½	» »	
		Idem. Pour la réponse.					
		TITRE XXIII. *Du désistement.* ᴀʀᴛ. CLXV.					
402.	71.	Acte de désistement et d'acceptation de désistement.	5 »	4 50	3 75	» »	
		Copie.	1 25	1 12½	» 93¾	» »	
		CLXVI.					
403.	70.	Sommation de se trouver devant le président et voir déclarer la taxe des frais, exécutoire en cas de désistement de la demande.	1 »	» 90	» 75	» »	
		Copie.	» 25	» 22	» 18¾	» »	
		CLXVII.					
403.	76.	Requête pour obtenir l'ordonnance du président, afin de rendre exécutoire la taxe de frais, en cas de désistement de la demande.	2 »	1 80	1 50	» »	

ARTICLES du CODE.	du TARIF.	NATURE DES ACTES ET NUMÉROS D'ORDRE.	DROITS à Paris, Bordeaux, Rouen et Bruxelles.	DROITS dans les Siéges de Cour d'appel et dans les villes où la population excède 30,000 ames	DROITS dans les villes où il y a Tribunal d'instance.	DROITS dans les autres villes et cantons ruraux.	OBSERVATIONS.
			Fr. C.	Fr. C.	Fr. C.	Fr. C.	

TITRE XXIV.

Des matières sommaires.

ART. **CLXVIII.**

404. 405. 406. 407. 408. 409. 410. 411. 412. 413.	67.	Les dépens de ces matières seront liquidés tant en demandant qu'en défendant, savoir : Pour l'obtention d'un jugement par défaut contre parties on avoués, y compris les qualités et la signification à avoué s'il y a lieu, quand la demande n'excède pas 1000 fr.	7 50	6 75	5 62½	» »	
		Et quand la demande excédera 1,000, jusqu'à 5,000 fr	10 »	9 »	7 50	» »	
		Et quand elle excédera 5,000 fr.	15 »	13 50	11 25	» »	
		Et pour l'obtention d'un jugement contradictoire ou définitif, quand la demande n'excédera pas 1,000 fr.	15 »	13 50	11 25	» »	
		Quand elle excédera 1,000 fr. jusqu'à 5,000 fr.	20 »	18 »	15 »	» »	
		Quand elle excédera 5,000 fr.	30 »	27 »	22 50	» »	

NOTA. Si la valeur de l'objet de la contestation est indéterminée, le juge allouera l'une des sommes ci-dessus indiquées.

		S'il y a lieu à une enquête ou visite et estimation d'experts ordonnée contradictoirement, et s'il est intervenu aussi jugement contradictoire sur l'enquête ou le rapport d'experts, il sera alloué un demi-droit. Et en outre, pour copie des procès-verbaux d'enquête et d'expertise, par chaque rôle · · ·	» 15	» 13½	» 11½	» »	
		S'il y a plus de deux parties en cause, et si elles ont des intérêts contraires, il sera alloué un quart en sus des droits ci-dessus à l'avoué qui aura servi contre chacune des autres parties.					
		S'il y a lieu à un interrogatoire sur faits et articles, il sera passé à l'avoué de la partie à la requête de laquelle il aura été subi, un demi droit ; et en outre, pour copie du procès-verbal, par chaque rôle d'expédition.	» 15	» 15	» 11½	» »	

Il sera passé à l'avoué qui lèvera le jugement rendu contradictoirement, pour dressé de qualité et de signification de jugement à avoué, le quart du droit accordé pour l'obtention du jugement contradictoire.

Il ne sera alloué aucun honoraire aux avocats dans ces sortes de causes.

Si l'avoué est révoqué ou si les pièces lui sont retirées, il lui sera alloué, savoir :

S'il y a eu constitution d'avoué avant l'obtention d'un jugement par défaut, moitié du droit accordé pour faire rendre un jugement par défaut.

ARTICLES. du CODE.	ARTICLES. du TARIF.	NATURE DES ACTES ET NUMÉROS D'ORDRE.	DROITS à Paris, Bordeaux, Rouen et Bruxelles.	DROITS dans les Siéges de Cour d'appel et dans les villes où la population excède 30,000 ames.	DROITS dans les villes où il y a Tribunal d'instance.	DROITS dans les autres villes et cantons ruraux.	OBSERVATIONS.
			Fr. C.	Fr. C.	Fr. C.	Fr. C.	
		Et s'il a été obtenu un premier jugement par défaut ou un jugement interlocutoire, indépendamment de l'émolument pour ces jugements moitié du droit accordé pour obtenir un jugement contradictoire.					
		Mais ces droits ne sont acquis, et ils ne pourront être exigés que lorsqu'il y aura eu constitution d'avoué dans le premier cas, ou qu'il aura été formé opposition au premier jugement par défaut, et que l'avoué qui aura obtenu le premier jugement, aura suivi l'audience sur le débouté d'opposition.					
		Au moyen de la fixation ci-dessus, il ne sera passé aucun autre honoraire pour aucun acte et sous aucun prétexte. Il ne sera alloué en outre que les simples déboursés.					
		TITRE XXV.					
		Procédure devant les Tribunaux de commerce.					Cet acte doit porter le coût. *V.* l'art. 66 du Tarif, numéro d'ordre, 454
		ART. CLXIX.					
415.	29.	Pour l'original d'une demande formée au tribunal de commerce・・・・・・・・・・・・・・・	2 "	1 80	1 50	1 50	
		Copie・・・・・・・・・・・・・・・・・・・・・・	" 50	" 45	" 37 ½	" 37 ½	
		CLXX.					On a cru devoir porter cet acte malgré qu'il ne soit pas tarifé, il est fondé sur l'art. 77 du Tarif, et 72 du Code.
417	77	Requête contenant demande pour abréger les délais dans les cas qui requièrent célérité et de saisir les effets・・・・・・・・・・・・・・	3 "	2 70	2 25	" "	
		CLXXI.					Cet acte doit porter le coût. *V.* l'art. 66 du Tarif, numéro d'ordre, 454.
429	29	Sommation de comparoître devant les arbitres experts nommés par le tribunal de commerce・・・・・・・・・・・・・・・・・・	2 "	1 80	1 50	1 50	
		Copie・・・・・・・・・	" 50	" 45	" 37 ½	" 37 ½	
		CLXXII.					
435	29	Signification de jugement par défaut par un huissier commis・・・・・・・・・・・・・・・	2 "	1 80	1 50	1 50	Idem.
		Copie・・・・・・・・・・・・・・・・・・・・・	" 50	" 45	" 37 ½	" 37 ½	
		CLXXIII.					
436 437.	29	Original d'opposition au jugement par défaut, contenant les moyens d'opposition et assignation・・・・・・・・・・・・・・・・	2 "	1 80	1 50	1 50	Idem.
		Copie・・・・・・・・・・・・・・・・・・・・・	" 50	" 45	" 37 ½	" 37 ½	
		CLXXIV.					
439.	29.	Signification des jugements contradictoires・・・・・・・・・・・・・・・・・・・・	2 "	1 80	1 50	1 50	Idem.
		Copie・・・・・・・・・・・・・・・・・・・・・	" 50	" 45	" 37 ½	" 37 ½	

ARTICLES du CODE.	du TARIF.	NATURE DES ACTES ET NUMÉROS D'ORDRE.	DROITS à Paris, Bordeaux, Rouen et Bruxelles.	DROITS dans les Siéges de Cour d'appel et dans les villes où la population excède 30,000 ames	DROITS dans les villes où il y a Tribunal d'instance.	DROITS dans les autres villes et cantons ruraux.	OBSERVATIONS.
			Fr. C.	Fr. C.	Fr. C.	Fr. C.	
440 441	29	**CLXXV.** Acte de présentation de caution à jour et heures fixes, de se présenter au greffe pour prendre communication des titres de la caution, et assignation à l'audience en cas de contestation pour y être statué · · · Copie ·	2 » » 50	1 80 » 45	1 50 » 37½	1 50 « 37½	Cet acte doit porter le coût. V. art. 66 du Tarif, numéro d'ordre 454.
447	29	**LIVRE III.** DES TRIBUNAUX D'APPEL. TITRE UNIQUE. *De l'appel et de l'instruction sur l'appel.* ART. **CLXXVI.** Signification de jugement à des héritiers collectivement au domicile du défunt · · · Copie ·	2 » » 50	1 80 » 45	1 50 » 37½	1 50 » 37½	Idem.
452	70	**CLXXVII.** Les avoués seront tenus de se présenter au jour indiqué par les jugements préparatoires ou de remises, sans sommation.					
456	29	**CLXXVIII.** Acte d'appel de jugements des tribunaux de première instance et de commerce, contenant assignation et constitution d'avoué. Copie ·	2 » » 50	1 80 » 45	1 50 » 37½	1 50 » 37½	Idem.
457 458 459	148 149	**CLXXIX.** Les frais des demandes afin de défenses contre les jugements mal à propos qualifiés en dernier ressort, ou dont l'exécution provisoire a été mal à propos ordonnée hors les cas prévus par la loi, ainsi que ceux des demandes afin d'exécution provisoire des jugements non qualifiés ou mal à propos qualifiés en premier ressort, de ceux qui n'auroient pas prononcé l'exécution provisoire dans les cas où elle devoit l'être, seront liquidés comme en matière sommaire. Il en sera de même des frais faits sur les appels d'ordonnance de référé.					
460 et suiv.	147	**CLXXX.** Les émoluments des avoués des cours d'appel seront taxés au même prix et dans la même forme que ceux des avoués des tribunaux de première instance des lieux où siégent les cours d'appel, avec une augmen-					

ARTICLES. du CODE.	du TARIF.	NATURE DES ACTES ET NUMÉROS D'ORDRE.	DROITS à Paris, Bordeaux, Rouen et Bruxelles.	DROITS dans les Siéges de Cour d'appel et dans les villes où la population excède 30,000 âmes	DROITS dans les villes où il y a Tribunal d'instance	DROITS dans les autres villes et cantons ruraux.	OBSERVATIONS.
			Fr. C.	Fr. C.	Fr. C.	Fr. C.	
		tation sur chaque espèce de droits, savoir : dans les matières sommaires du double, et dans les matières ordinaires du double pour le droit de consultation, ainsi que pour le port de pièces lorsque les parties seront domiciliées hors de l'arrondissement du tribunal de première instance du lieu où siége la cour d'appel; et pour les autres droits, moitié seulement de ceux attribués aux avoués de première instance.					
		Néanmoins dans les demandes de condamnation de frais d'un avoué contre sa partie, il ne sera alloué que moitié du droit ci-dessus fixé pour les matières sommaires.					
		CLXXXI.					
471.	90.	Pour consigner l'amende et la retenue···	1 50	1 55	1 15	» »	

LIVRE IV.

DES VOIES EXTRAORDINAIRES POUR ATTAQUER LES JUGEMENTS.

TITRE I.er

De la tierce opposition.

ART. **CLXXXII.**

ARTICLES. du CODE.	du TARIF.	NATURE DES ACTES ET NUMÉROS D'ORDRE.	DROITS à Paris, Bordeaux, Rouen et Bruxelles.	DROITS dans les Siéges de Cour d'appel etc.	DROITS dans les villes où il y a Tribunal d'instance	DROITS dans les autres villes et cantons ruraux.	OBSERVATIONS.
475.	75.	Requête de tierce opposition, par rôle···	2 »	1 80	1 50	» »	
		Copie ·················	» 50	» 45	» 37½	» »	
		Idem. Pour la réponse.					

TITRE II.

De la requête civile.

ART. **CLXXXIII.**

485	78	Requête civile principale············	7 50	6 75	5 50	» »	
492		Copie ····················	1 87½	1 68¼	1 37½	» »	
		CLXXXIV.					
493	75.	Requête civile incidente, par rôle·····	2 »	1 80	1 50	» »	
		Copie ····················	» 50	» 45	» 37½	» »	
		Idem. Pour la réponse.					
		CLXXXV.					
494	90	Pour consigner l'amende············	1 50	1 35	1 15	» »	
		CLXXXVI.					
495.	140	Pour la consultation de trois avocats, qui doit précéder la requête civile··········	72 »	72 »	72 »	» »	
		CLXXXVII.					
501.	90	Pour retirer l'amende················	1 50	1 35	1 15	» »	

ARTICLES du CODE.	du TARIF	NATURE DES ACTES ET NUMÉROS D'ORDRE	DROITS à Paris, Bordeaux, Rouen et Bruxelles	DROITS dans les Sièges de Cour d'appel et dans les villes ou la population excede 30,000 ames	DROITS dans les villes où il y a Tribunal d'instance.	DROITS dans les autres villes et cantons ruraux.	OBSERVATIONS.
			Fr. C.	Fr. C.	Fr. C.	Fr. C.	
		TITRE III.					
		De la prise à partie.					
		ART. CLXXXVIII.					
507.	29.	Réquisition aux tribunaux, de juger en la personne du greffier · · · · · · · · · · · · · · · · ·	2 »	1 80	1 50	» »	
		Copie ·	» 50	» 45	» 57½	» »	
		CLXXXIX.					
511.	150.	Requête pour obtenir permission de prendre à partie ·	15 »	15 »	15 »	» »	
		CXC.					
514	29.	Signification de la requête et du jugement qui admet une prise à partie · · · · · · · · · ·	2 »	1 80	1 50	1 50	Cet acte doit porter le coût. V. art. 66 du Tarif, numéro d'ordre, 454.
		Copie ·	» 50	» 45	» 57½	» 57½	
		CXCI.					
514	75	Requête contenant défenses du juge pris à partie, par rôle · · · · · · · · · · · · · · · · ·	2 »	1 80	1 50	» »	
		Copie ·	» 50	» 45	» 57½	» »	
		Idem. Pour la réponse.					
		La procédure en prise à partie ne pouvant être portée que devant les cours d'appel, d'après l'article 509 du Code judiciaire, voyez pour le réglement des droits qui ne sont pas compris au présent titre, ce qui est dit au livre III, sous le n.° 180 d'ordre.					
		LIVRE V.					
		DE L'EXÉCUTION DES JUGEMENTS.					
		TITRE 1.er					
		Des réceptions de caution.					
		ART. CXCII.					
518	29.	Signification de la présentation de caution avec copie de l'acte de dépôt au greffe des titres de solvabilité de la caution · · · · · · ·	2 »	1 80	1 50	1 50	Idem.
		Copie ·	» 50	» 45	» 57½	» 57½	
		CXCIII.					
518	71	Acte de présentation de caution · · · · · ·	5 »	4 50	5 75	» »	
		Copie ·	1 25	1 11½	» 93¼	» »	
		CXCIV.					
518	91	Pour déposer au greffe les titres de solvabilité de la caution présentée · · · · · · · · ·	5 »	2 70	2 25	» »	
		CXCV.					
519	71	Acte de déclaration d'acceptation de caution ·	5 »	4 50	5 75	» »	

ARTICLES du CODE.	du TARIF.	NATURE DES ACTES ET NUMÉROS D'ORDRE.	DROITS à Paris, Bordeaux, Rouen et Bruxelles.	DROITS dans les Siéges de Cour d'appel et dans les vl les où la population excède 30,000 âmes	DROITS dans les villes où il y a Tribunal d'instance	DROITS dans les autres villes et cantons ruraux.	OBSERVATIONS.
			Fr. C.	Fr. C.	Fr. C.	Fr. C.	
		Copie	1 25	1 12½	» 93¼	» »	
		CXCVI.					
519.	91.	Pour prendre communication au greffe des titres de solvabilité de la caution	3 »	2 70	2 25	» »	
		CXCVII.					
520	71.	Acte de contestation de la caution offerte.	5 »	4 50	3 75	» »	
		Copie	1 25	1 12½	» 95¼	» »	
		CXCVIII.					
520 522	91.	Pour faire faire au greffe la soumission d'une caution	3 »	2 70	2 25	» »	
		TITRE II.					
		De la liquidation des dommages-intérêts.					
		ART. CXCIX.					
523	91	Pour déposer au greffe ou donner en communication, sur récépissé, à l'amiable, des pièces justificatives de la déclaration des dommages-intérêts et les retirer, le tout ensemble	3 »	2 70	2 25	» »	
		CC.					
523	91	Pour prendre communication à l'amiable, sur récépissé ou au greffe, des pièces justificatives de la déclaration des dommages et intérêts et les rétablir, le tout ensemble	3 »	2 70	2 25	» »	
		CCI.					
523.	141.	Pour la déclaration des dommages et intérêts, par article	» 60	» 54	» 45	» »	
		CCII.					
524.	71	Acte d'offre sur la déclaration des dommages et intérêts...................	5 »	4 50	3 75	» »	
		Copie	1 25	1 12½	» 95¼	» »	
		CCIII.					
524	142	Pour chaque apostille de l'avoué défendeur sur la déclaration	» 60	» 54	» 45	» »	
		TITRE III.					
		De la liquidation des fruits.					
		TITRE IV.					
		Des redditions de compte.					
		ART. CCIV.					
531.	75.	Pour la grosse d'un compte dont le préambule ne pourra excéder six rôles, par rôle.	2 »	1 80	1 50	» »	
		Copie	» 50	» 45	» 57½	» »	

D *

ARTICLES du CODE.	du TARIF.	NATURE DES ACTES ET NUMÉROS D'ORDRE.	DROITS à Paris, Bordeaux, Rouen et Bruxelles.	DROITS dans les Siéges de Cour d'appel et dans les villes où la population excède 3o,ooo ames	DROITS dans les villes où il y a Tribunal d'instance.	DROITS dans les autres villes et cantons ruraux	OBSERVATIONS.
			Fr. C.	Fr. C.	Fr. C.	Fr. C.	
552.556.	92.	**CCV.** Pour mettre en ordre les pièces d'un compte à rendre, les coter et parapher. Il sera passé une vacation pour cinquante pièces, deux pour cent, et ainsi de suite....	6 "	5 4o	4 5o	" "	
554.	29.	**CCVI.** Signification de l'ordonnance du juge commis pour entendre un compte, et sommation de se trouver devant lui aux jour et heures indiqués, pour être présent à la présentation et affirmation············· Copie····················	2 " " 5o	1 8o " 45	1 5o " 37 $\frac{1}{2}$	1 5o " 37 $\frac{1}{2}$	Cet acte doit porter le coût. *V*. l'art. 66 du Tarif, numéro d'ordre , 454.
554.	70.	**CCVII.** Sommation d'être présent à la présentation et affirmation d'un compte············ Copie····················	1 " " 25	" 9o " 22 $\frac{1}{2}$	" 75 " 18 $\frac{1}{4}$	" " " "	
554.	76.	**CCVIII.** Requête au juge commis pour entendre un compte à l'effet d'obtenir l'ordonnance fixant le jour et l'heure de la présentation······	2 "	1 8o	1 5o	" "	
554.	92.	**CCIX.** Vacation à la présentation et affirmation du compte··················	6 "	5 4o	4 5o	" "	
555.	92.	**CCX.** Pour requérir du commissaire exécutoire de l'excédent de la recette sur la dépense dans les comptes présentés··············	6 "	5 4o	4 5o	" "	
556.	92.	**CCXI.** Pour prendre en communication les pièces justificatives de compte, et les rétablir, le tout ensemble··············	6 "	5 4o	4 5o	" "	
558.	92.	**CCXII.** Pour fournir des débats sur le procès-verbal du juge commis, par chaque vacation de trois heures, dont le nombre sera fixé et réglé par le juge-commissaire·········· *Idem*, pour soutenements et réponses.	6 "	5 4o	4 5o	" "	
		TITRE V. *De la liquidation des dépens.* **ART. CCXIII.**					
543	67.	*Voy.* matières sommaires, n.° 168 d'ordre. **CCXIV.**					
544.	"	*V.* Tarif des frais de taxe, n.° 449 d'ordre.					

ARTICLES du CODE.	du TARIF.	NATURE DES ACTES ET NUMÉROS D'ORDRE.	DROIT à Paris, Bordeaux, Rouen et Bruxelles.	DROITS dans les Siéges de Cour d'appel et dans les villes où la population excède 30,000 âmes	DROITS dans les villes où il y a Tribunal d'instance.	DROITS dans les autres villes et canton ruraux.	OBSERVATIONS.
			Fr. C.	Fr. C	Fr. C.	Fr. C.	
		TITRE VI.					
		Règles générales sur l'exécution formée des jugements et actes.					
		ART. CCXV.					
548.	90	Pour donner certificat contenant la date de la signification au domicile de la partie condamnée, du jugement qui prononce une main-levée, la radiation d'inscription hypothécaire, un paiement ou autre chose à faire par un tiers ou contre lui............	1 50	1 35	1 15	" "	
		CCXVI.					
548.	90.	Pour requérir du greffier le certificat qu'il n'existe contre le jugement énoncé ci-dessus, ni opposition, ni appel, porté sur le registre tenu au greffe.....................	1 50	1 35	1 15	" "	
		TITRE VII.					
		Des saisies-arrêts ou oppositions.					
		ART. CCXVII.					
557. 558. 559.	29	Exploit de saisie-arrêt ou opposition, contenant énonciation de la somme pour laquelle elle est faite, et des titres ou de l'ordonnance du juge...........................	2 "	1 80	1 50	1 50	Cet acte doit porter le coût. V. l'art. 66 du Tarif, numéro d'ordre, 454.
		Copie	" 50	" 45	" 37½	" 37½	
		CCXVIII.					
558.	77	Requête pour obtenir permission de saisir et arrêter entre les mains d'un tiers, ce qu'il doit au débiteur, quand il n'y a pas de titre.	3 "	2 70	2 25	" "	
		CCXIX.					
563.	29.	Dénonciation au saisi de la saisie-arrêt avec assignation en validité............	2 "	1 80	1 50	1 50	Idem.
		Copie............	" 50	" 45	" 37½	" 37½	
		CCXX.					
564.	29	De la dénonciation au tiers saisi de la demande en validité formée contre le débiteur.	2 "	1 80	1 50	1 50	Idem.
		Copie............	" 50	" 45	" 37½	" 37½	
		CCXXI.					
569.	91.	Pour requérir des fonctionnaires publics tiers-saisis, le certificat du montant de ce qu'ils doivent à la partie saisie.............	3 "	2 70	2 25	" "	
		CCXXII.					
570.	29.	Assignation au tiers saisi pour faire sa déclaration..........................	2 "	1 80	1 50	1 50	Idem
		Copie.....................	" 50	" 45	" 37½	" 75½	

ARTICLES du CODE	ARTICLES du TARIF	NATURE DES ACTES ET NUMÉROS D'ORDRE	DROITS à Paris, Bordeaux, Rouen et Bruxelles.	DROITS dans les Sièges de Cour d'appel et dans les villes où la population excède 3°,000 âmes	DROITS dans les villes où il y a Tribunal d'instance.	DROITS dans les autres villes et cantons ruraux.	OBSERVATIONS.
			Fr. C.	Fr. C.	Fr. C.	Fr. C.	
		CCXXIII.					
570.	75.	Pour la grosse de la requête du tiers saisi qui demandera son renvoi devant son juge, en cas que sa déclaration affirmative soit contestée ; cette requête ne pourra excéder deux rôles, par rôle.	2 »	1 80	1 50	» »	
		Copie	» 50	» 45	» 37½	» »	
		CCXXIV.					
575. 574.	92.	Pour faire au greffe une déclaration affirmative sur saisie-arrêt, contenant les causes et le montant de la dette, les paiements à compte, si aucuns ont été faits, l'acte ou les causes de libération, les saisies-arrêts formées entre les mains du tiers saisi, et le dépôt au greffe des pièces justificatives, le tout ensemble.	6 »	5 40	4 50	» »	
		CCXXV.					
574.	70	Signification de la déclaration affirmative et du dépôt des pièces, contenant constitution d'avoué	1 »	» 90	» 75	» »	
		Copie	» 25	» 22½	» 18¾	» »	
		CCXXVI.					
575	70.	Acte contenant dénonciation d'opposition formée sur le débiteur entre les mains du tiers saisi.	1 »	» 90	» 75	» »	
		Copie.	» 25	» 22½	» 18¾	» »	
		CCXXVII.					
578	70	Signification de l'état détaillé des effets mobiliers saisis et arrêtés entre les mains d'un tiers saisi	1 »	» 90	» 75	» »	
		Copie.	» 25	» 22½	» 18¾	» »	
		CCXXVIII.					
582.	77.	Requête pour avoir permission de saisir et arrêter la portion que le juge déterminera dans des sommes ou pensions données ou léguées pour aliments, et ce, pour créances postérieures aux dons et legs.	5 »	2 70	2 25	» »	
		TITRE VIII.					
		De la saisie exécution.					
		ART. **CCXXIX.**					
583 584.	29	Commandement pour parvenir à une saisie exécution	2 »	1 80	1 50	1 50	Cet acte doit porter le coût. V. l'art. 66 du Tarif, numéro d'ordre, 464.
		Copie	» 50	» 45	» 37½	» 37½	
		CCXXX.					
585 586.	51.	Pour un procès-verbal de saisie exécution qui durera trois heures, y compris le temps					

ARTICLES du CODE.	du TARIF.	NATURE DES ACTES ET NUMÉROS D'ORDRE.	DROITS à Paris, Bordeaux, Rouen et Bruxelles.	DROITS dans les Siéges de Cour d'appel et dans les villes ou la population excède 30,000 ames.	DROITS dans les villes où il y a Tribunal d'instance.	DROITS dans les autres villes et cantons ruraux.	OBSERVATIONS.
587. 588. 589. 590. 601.		nécessaire pour requérir, soit le juge de paix, soit le commissaire de police, ou les maire et adjoint, en cas de refus d'ouverture de porte pour l'huissier	5 »	4 50	4 »	4 »	Cet acte doit porter le coût. V l'art. 66 du Tarif, numéro d'ordre, 454.
		Pour les deux témoins	3 »	2 70	2 »	2 »	
		Si la saisie dure plus de trois heures, pour chacune des vacations subséquentes, aussi de trois heures.	3 40	3 06	2 55	2 55	
		Pour les deux témoins	1 60	1 44	1 20	1 20	
		Dans les taxes ci-dessus se trouvent comprises les copies pour la partie saisie et pour le gardien					
		CCXXXI.					
587.	6	Pour le transport du juge de paix, à l'effet d'être présent à l'ouverture des portes en cas de saisie exécution, pour chaque vacation	5 »	4 50	3 75	2 50	
		CCXXXII.					
587	32	Vacation du commissaire de police qui aura été requis pour être présent à l'ouverture des portes et des meubles fermant à clef, ou aux maires ou adjoints, si ces derniers le requièrent	5 »	4 50	3 75	2 50	
		CCXXXIII.					
590.	33	Vacation de l'huissier pour déposer au lieu établi pour les consignations, ou entre les mains du dépositaire qui sera convenu, les deniers comptant qui pourroient avoir été trouvés	2 »	1 80	1 50	1 50	
		CCXXXIV.					
596	34	Les frais de garde seront taxés par chaque jour, pendant les douze premiers jours	2 50	2 25	2 »	1 50	
		Ensuite, seulement à raison de	1 »	» 90	» 80	» 60	
		CCXXXV.					
602	29	Notification de la saisie exécution faite hors du domicile du saisi et en son absence	2 »	1 80	1 50	1 50	Idem.
		Copie	» 50	» 45	» 57½	» 37½	
		CCXXXVI.					
606	29	Assignation en référé à la requête du gardien qui demande sa décharge	2 »	1 80	1 50	1 50	Idem.
		Copie	» 50	» 45	» 3 ½	» 3 ½	
		CCXXXVII.					
606.	29	Sommation à la partie saisie pour être présente au recolement des effets saisis quand le gardien a obtenu sa décharge	2 »	1 80	1 50	1 50	Idem.
		Copie	» 50	» 45	» 3 ½	» 3 ½	

ARTICLES du CODE.	du TARIF.	NATURE DES ACTES ET NUMÉROS D'ORDRE.	DROITS à Paris, Bordeaux, Rouen et Bruxelles.	DROITS dans les Siéges de Cour d'appel et dans les villes où la population excède 30,000 ames.	DROITS dans les villes où il y a Tribunal d'instance.	DROITS dans les autres villes et cantons ruraux.	OBSERVATIONS.
			fr. c.	fr. c.	fr. c.	fr. c.	
606	35	**CCXXXVIII.** Pour un procès-verbal de récolement des effets saisis, quand le gardien a obtenu sa décharge	5 "	2 70	2 25	2 25	Cet acte doit porter le coût. V. l'art. 66 du Tarif, numéro d'ordre, 454.
		Copie.	" 75	" 67½	" 56¼	" 51¼	
		Ce procès-verbal ne contiendra aucun détail, si ce n'est pour constater les effets trouvés en déficit, et l'huissier ne sera point assisté de témoins. Il sera laissé copie du procès-verbal de récolement au gardien qui aura obtenu sa décharge ; il remettra la copie de la saisie qu'il avoit entre les mains au nouveau gardien qui se chargera du contenu sur le procès-verbal de récolement.					
603	29	**CCXXXIX.** Opposition à vente à la requête de celui qui se prétend propriétaire des objets saisis entre les mains du gardien.	2 "	1 80	1 50	1 50	Idem.
		Copie	" 50	" 45	" 37½	" 57½	
608	29	**CCXL.** Dénonciation de cette opposition au saisissant et au saisi, avec assignation libérée et l'énonciation des preuves de propriété. . . .	2 "	1 80	1 50	1 50	Idem.
		Copie	" 50	" 45	" 37½	" 57½	
		Le gardien ne pourra être assigné.					
609	29	**CCXLI.** Opposition sur le prix de la vente, qui en contiendra les raisons.	2 "	1 80	1 50	1 50	Idem.
		Copie..	" 50	" 45	" 57½	" 57½	
611	36	**CCXLII.** Dans le cas d'une saisie antérieure et d'établissement de gardien, pour le procès-verbal de récolement sur le premier procès-verbal que le gardien sera tenu de représenter, et qui sans entrer dans aucun détail, et contenant seulement la saisie des effets omis, et sommation au premier saisissant de vendre, témoins compris, et deux copies.	6 "	5 40	4 50	4 50	Idem.
		Et pour une troisième copie, s'il y a lieu.	1 50	1 35	1 12½	1 12½	
612	29	**CCXLIII.** Sommation au premier saisissant de faire vendre.	2 "	1 80	1 50	1 50	Idem.
		Copie.	" 50	" 45	" 57½	" 57½	
614	59	**CCXLIV.** Sommation à la partie saisie pour être présente à la vente qui ne seroit pas faite le jour					

ARTICLES du CODE	du TARIF.	NATURE DES ACTES ET NUMÉROS D'ORDRE.	DROITS à Paris, Bordeaux, Rouen et Bruxelles.	DROITS dans les Siéges de Cour d'appel et dans les villes où la population excède 30,000 ames	DROITS dans les villes où il y a Tribunal d'instance.	DROITS dans les autres villes et cantons ruraux.	OBSERVATIONS.
			Fr. C.	Fr. C.	Fr. C.	Fr. C	
		indiqué par le procès-verbal de saisie exé-cution	2 "	1 80	1 50	1 50	Cet acte doit porter le coût. V. l'art 66 du Tarif, nu-méro d'or-dre, 454.
		Copie	" 50	" 45	" 57½	" 57½	
		CCXLV.					
616	37.	Pour le procès-verbal de récolement qui précédera la vente, et qui ne contiendra au-cune énonciation des effets saisis, mais seu-lement de ceux en déficit, s'il y en a, y com-pris les témoins.	6 "	5 40	4 50	4 50	Idem.
		Il ne sera point donné de copie.					
		CCXLVI.					
617	28	S'il y a lieu au transport des effets sai-sis, l'huissier sera remboursé de ses frais sur les quittances qu'il en représentera, ou sur sa simple déclaration, si les voituriers et gens de peine ne savent écrire, ce qu'il constatera par son procès-verbal de vente.					
		Il sera alloué à l'huissier ou autre officier qui procédera à la vente, pour la rédaction du placard qui doit être affiché	1 "	1 "	1 "	1 "	
		Pour chacun des placards, s'ils sont ma-nuscrits.	" 50	" 50	" 50	" 50	
		Et s'ils sont imprimés, l'officier qui procé-dera à la vente, en sera remboursé sur les quittances de l'imprimeur et de l'afficheur.					
		CCXLVII.					
617	76	Requête afin de permission de vendre les meubles saisis dans un lieu plus avantageux que celui indiqué par la loi	2 "	1 80	1 50	" "	
		CCXLVIII.					
619	59	Pour l'original de l'exploit qui constate l'apposition des placards, dont il ne sera point donné de copie	3 "	2 70	2 25	2 25	Idem.
		Il sera passé en outre la somme qui aura été payée pour l'insertion de l'annonce de la vente dans un journal, si la vente est faite dans une ville où il s'en imprime.					
		Pour chaque vacation de trois heures à la vente, le procès-verbal compris, il sera taxé à l'huissier dans les lieux où ils sont autorisés à le faire	8 "	7 20	5 "	4 "	
		Et à Paris, où les ventes sont faites par les commissaires priseurs, il sera alloué à l'huissier, pour requérir le commissaire-pri-seur, une vacation de	" "	" "	" "	" "	
		CCXLIX.					
620 621	41	Dans le cas de publications sur les lieux où se trouvent les barques, chaloupes et autres					

E

ARTICLES du CODE.	du TARIF.	NATURE DES ACTES ET NUMÉROS D'ORDRE.	DROITS à Paris, Bordeaux, Rouen et Bruxelles.	DROITS dans les Siéges de Cour d'appel et dans les villes ou la population excède 30,000 âmes	DROITS dans les villes où il y a Tribunal d'instance	DROITS dans les autres villes et canton ruraux.	OBSERVATIONS.
			Fr. C.	Fr. C.	Fr. C.	Fr. C.	
		bâtiments prescrits par l'article 620 du Code ; et dans le cas d'exposition de la vaisselle d'argent, bagues et joyaux, ordonné par l'article 621 : il sera alloué à l'huissier, pour chacune de deux premières publications ou expositions................	6 »	5 40	4 »	3 »	
		La troisième publication ou exposition est comprise dans la vacation de vente. A Paris, et dans les villes où il s'imprime des journaux, les vacations pour publications et expositions ne pourront être allouées aux huissiers, attendu qu'il doit y être suppléé par l'insertion dans un journal. Si l'expédition du procès-verbal de vente est requise par l'une des parties, il sera alloué à l'huissier ou autre officier qui aura procédé à la vente, par chaque rôle d'expédition, contenant vingt-cinq lignes à la page et dix à douze syllabes à la ligne··········	1 »	» 90	» 50	» 40	
625.	40	CCL. En cas d'absence de la partie saisie, son absence sera constatée, et il ne sera nommé aucun officier pour la représenter.					
		TITRE IX. *De la saisie des fruits pendants par racines, ou de la saisie-brandon.* ART. CCLI.					Cet acte doit porter le coût V. art. 66 du Tarif, numéro d'ordre, 454.
626	29	Pour l'original du commandement qui doit précéder la saisie-brandon············ Copie ···· ········	2 » » 50	1 80 » 45	1 50 » 5¾	1 50 » 5¾	
627.	43.	CCLII. Pour un procès-verbal de saisie-brandon, contenant et l'indication de chaque pièce, sa contenance et sa situation, deux au moins de ses tenants et aboutissants, et la nature des fruits, quand il n'y sera pas employé plus de trois heures ············· Et quand il sera employé plus de trois heures, pour chacune de ces vacations aussi de 3 heures. L'huissier ne sera point assisté de témoins.	6 » 5 »	5 40 4 50	5 » 4 »	4 » 3 »	V. n° 456 d'ordre, pour gardien.
628	29	CCLIII. Dénonciation de la saisie-brandon au garde champêtre gardien de droit à ladite saisie, et qui ne sera pas présent au procès-verbal.. Copie ·············	2 » » 50	1 80 » 45	1 50 » 5¾	1 50 » 5¾	Idem.
628	44.	CCLIV. Pour les copies à délivrer à la partie saisie, au maire de la commune, et au garde champêtre ou gardien, par chaque·········	» 50	» 45	» 5¾	» 5¾	
		NOTA. Le surplus des actes sera taxé comme en saisie-exécution.					

ARTICLES. du CODE	ARTICLES. du TARIF.	NATURE DES ACTES ET NUMÉROS D'ORDRE.	DROITS à Paris, Bordeaux Rouen et Bruxelles.	DROITS dans les Siéges de Cour d'appel et dans les villes où la population excède 30,000 ames	DROITS dans les villes où il y a Tribunal d'instance.	DROITS dans les autres villes et cantons ruraux.	OBSERVATIONS.
			Fr. C.	Fr. C.	Fr. C.	Fr. C.	
		TITRE X. *De la saisie des rentes constituées sur particuliers.* ART. CCLV.					Cet acte doit porter le coût. *V.* l'art. 66 du Tarif, numéro d'ordre, 454.
636.	29.	Commandement qui doit précéder la saisie des rentes . . . . Copie	2 " » 50	1 80 » 45	1 50 » 57½	1 50 » 57½	
636	128.	**CCLVI.** Pour dresser le cahier des charges, en faire le dépôt au greffe, et pour les publications, les exploits à placarder et insérer dans les journaux, les adjudications préparatoires et définitives seront réglées et taxées comme en saisie immobilière. *Voyez* n.ᵒˢ d'ordre, 279, 280, 287, 290, 291 et 292.					
637	46	**CCLVII.** Pour un exploit de saisie du fonds d'une rente constituée, contenant assignation au tiers saisi en déclaration affirmative devant le tribunal · Copie ·	4 " 1 "	3 60 » 90	5 » » 75	3 " » 75	Idem.
641	29	**CCLVIII.** Dénonciation à la partie saisie, de l'exploit de saisie · Copie ·	2 " » 50	1 80 » 45	1 50 » 57½	1 50 » 57½	Idem.
		TITRE XI. *De la distribution par contribution.* ART. CCLIX.					
637	42	Pour la vacation de l'huissier ou autre officier qui aura procédé à la vente, pour faire taxer ses frais par le juge sur la minute de son procès-verbal · · · · · · · · · · · · · · Et pour consigner les deniers provenans de la vente · · · · · · · · · · · · · · · · · · ·	3 " 3 "	2 70 2 70	2 " 2 "	1 50 1 50	
638.	95	**CCLX.** Vacation pour requérir, sur le registre tenu au greffe, la nomination d'un juge-commissaire devant lequel il sera procédé à une distribution · S'il se présente deux ou plusieurs réquérants à même temps au greffe, ils se retireront devant le président du tribunal, qui décidera sur-le-champ celui dont la réquisition sera reçue. Il n'y aura ni appel ni opposition contre la décision; il n'en sera point dressé	5 "	4 50	3 75	» »	

ARTICLES du CODE.	ARTICLES du TARIF.	NATURE DES ACTES ET NUMÉROS D'ORDRE.	DROITS à Paris, Bordeaux, Rouen et Bruxelles.	DROITS dans les Siéges de Cour d'app. et dans les lieux où la population excéde 30,000 ames	DROITS dans les villes où il y a Tribunal d'instance.	DROITS dans les autres villes et cantons ruraux	OBSERVATIONS.
			Fr. C.	Fr. C.	Fr. C.	Fr. C.	
		procès-verbal, il ne sera alloué aucune vacation aux avoués pour s'être transportés devant le président.					
		CCLXI.					
659 660	29.	Sommation aux créanciers de produire, et à la partie saisie de prendre communication des pièces produites, et de contredire s'il y échet	2 "	1 80	1 50	1 50	Cet acte d'i porte le cont. V. art. 66 du Tarif, numéro d'ordre, 454.
		Copie	" 50	" 45	" 37½	" 5 7⁄10	
		CCLXII.					
659	96.	Pour la requête au juge-commissaire, à l'effet d'obtenir son ordonnance pour sommer les opposants de produire, et la partie saisie de prendre communication des pièces produites et de contredire s'il y échet, et la vacation pour obtenir l'ordonnance du commissaire ; le tout ensemble.	3 "	2 70	2 25	" "	
		CCLXIII.					
660 661	97.	Acte de production des titres, contenant demande en collocation, et même afin de privilége et constitution d'avoué, y compris la vacation pour produire . . . . Il ne sera point signifié.	10 "	9 "	7 50	" "	
		CCLXIV.					
661	29.	Sommation à la partie saisie qui n'a point d'avoué constitué, à la requête du propriétaire, de comparoître en référé devant le juge-commissaire pour faire statuer préliminairement sur son privilége, pour raison des loyers à lui dûs.	2 "	1 80	1 50	1 50	Idem.
		Copie	" 50	" 45	" 37½	" 57½	
		CCLXV.					
661	98.	Pour la sommation, à la requête du propriétaire, à l'avoué de la partie saisie, si elle en a constitué un, et au plus ancien de ceux des opposants pour comparoître en référé pardevant le juge-commissaire à l'effet de faire statuer préliminairement sur son privilége, pour raison des loyers à lui dûs	1 "	" 90	" 75	" "	
		Copie	" 25	" 22½	" 18¾	" "	
		Vacation en référé devant le juge-commissaire qui statuera sur le privilége réclamé pour loyers dûs, par défaut.	5 "	2 50	2 25	" "	
		Et contradictoirement.	5 "	4 50	3 75	" "	
		CCLXVI.					
665	29.	Dénonciation à la partie saisie qui n'a point d'avoué constitué, de la clôture du					

ARTICLES du CODE.	du TARIF.	NATURE DES ACTES ET NUMÉROS D'ORDRE.	DROITS à Paris, Bordeaux, Rouen et Bruxelles	DROITS dans les Siéges de Cour d'appel et dans les villes ou la population excede 30,000 ames	DROITS dans les villes où il y a Tribunal d'instance	DROITS dans les autres villes et cantons ruraux.	OBSERVATIONS.
			Fr. C.	Fr. C.	Fr. C.	Fr. C.	
		procès-verbal, du juge-commissaire, avec sommation d'en prendre communication, et de contredire sur le procès-verbal dans la quinzaine	2 „	1 80	1 50	1 50	Cet acte doit porter le coût. *V.* l'art. 66 du Tarif, numéro d'ordre, 454.
		Copie	„ 50	„ 45	„ 3 $\frac{1}{2}$	„ 3 $\frac{1}{2}$	
663.	99.	CCLXVII. Pour l'acte de dénonciation de la clôture du procès-verbal de contribution du juge-commissaire aux avoués des créanciers produisants et de la partie saisie, si elle en a un, avec sommation d'en prendre communication, et de contredire sur le procès-verbal dans la quinzaine....................	1 „	„ 90	„ 75	„ „	
		Copie	„ 25	„ 22 $\frac{1}{2}$	„ 18 $\frac{1}{4}$	„ „	
		Le procès-verbal du juge-commissaire ne sera ni levé ni signifié, et il ne sera enregistré que lors de la délivrance des mandements aux créanciers.					
663.	100.	CCLXVIII. Vacation pour prendre communication de l'état de contribution et contredire sur le procès-verbal du juge-commissaire, sans qu'il puisse en être passé plus d'un, sous quelque prétexte que ce soit..............	5 „	4 50	3 75	„ „	
		Il ne sera fait aucun dire s'il n'y a lieu à contredire; il sera alloué à l'avoué du poursuivant autant de demi-droit de vacation pour prendre communication de l'état de contribution et contredire, qu'il y aura eu de créanciers produisants.	2 50	2 25	1 87 $\frac{1}{2}$	„ „	
665. 671.	101	CCLXIX. Vacation pour requérir la délivrance du mandement au créancier utilement colloqué, et être présent à l'affirmation de la créance devant le greffier; l'avoué signera le procès-verbal....................	2 „	1 80	1 50	„ „	
		NOTA. Les mandements collectivement contiendront la totalité du procès-verbal du juge-commissaire. Si on délivroit, indépendamment des mandements, une expédition entière, ce seroit un double emploi. En cas de contestations les dépens en seront taxés comme dans les autres matières suivant leur nature sommaire ou ordinaire.					
		TITRE XII. De la saisie immobilière. ART. CCLXX.					
673.	29	Commandement tendant à saisie immobilière	2 „	1 80	1 50	1 50	Idem.
		Copie....................	„ 25	„ 22 $\frac{1}{2}$	„ 18 $\frac{1}{4}$	„ „	

ARTICLES du CODE.	ARTICLES du TARIF.	NATURE DES ACTES ET NUMÉROS D'ORDRE.	DROITS à Paris, Bordeaux, Rouen et Bruxelles.		DROITS dans les Siéges de Cour d'appel et dans les villes où la population excède 30,000 âmes		DROITS dans les villes où il y a Tribunal d'instance.		DROITS dans les autres villes et cantons ruraux.		OBSERVATIONS.
			Fr.	C.	Fr.	C.	Fr.	C.	Fr.	C.	
Art. 1er du décret du 14 novemb. 1808		CCLXXI. Requête afin d'obtenir la permission de faire saisir simultanément les biens d'un débiteur, situés dans divers arrondissements·	2	»	1	80	1	50	»	»	Résultat de l'art. 76 du Tarif, et 819 du Code.
5. Idem.		CCLXXII. Vacation pour se faire délivrer l'extrait des inscriptions........	6	»	5	40	4	50	»	»	Résultat de l'art.107 du Tarif, et 695 du Code.
675.	47	CCLXXIII. Pour un procès-verbal de saisie immobilière auquel il n'aura été employé que trois heures...............	6	»	5	40	5	»	5	»	Cet acte doit porter le coût. V. art. 66 du Tarif, numéro d'ordre 454·
		Et cette somme sera augmentée par chacune des vacations subséquentes qui auront pu être employées, de.............	5	»	4	50	4	»	4	»	
		L'huissier ne se fera point assister de témoins.									
676	48	CCLXXIV. Pour chaque copie de la saisie qui sera laissée aux greffiers des juges de paix et aux maires ou adjoints des communes de la situation, le quart de l'original.									
677. 680	102.	CCLXXV. Vacation pour faire transcrire le procès-verbal de saisie immobilière au bureau des hypothèques, et au greffe du tribunal où doit se faire la vente, par chacune........	6	»	5	40	4	50	»	»	
681	49·	CCLXXVI. Dénonciation de la saisie immobilière et des enregistrements à la partie saisie·· ···	2	50	2	25	2	»	2	»	Idem.
		Copie ·· ··················	»	62½	»	56¼	»	50	»	50	
681	103	CCLXXVII. Pour faire enregistrer au bureau de la conservation des hypothèques, la dénonciation faite à la partie saisie, de la saisie immobilière ·	6	»	5	40	4	50	»	»	
682·	104	CCLXXVIII. Pour l'extrait de la saisie immobilière, qui doit être inséré dans un tableau placé à cet effet dans l'auditoire···········	6	»	5	40	4	50	»	»	
683	105	CCLXXIX. Pour l'extrait pareil à celui prescrit par l'article 682, qui doit être inséré dans un journal················	2	»	1	80	1	50	»	»	
		Il sera passé autant de droits à l'avoué qu'il y aura eu d'insertion prescrite par le code.	»	»	»	»	»	»		

ARTICLES du CODE.	du TARIF.	NATURE DES ACTES ET NUMÉROS D'ORDRE.	DROITS à Paris, Bordeaux, Rouen et Bruxelles.	DROITS dans les Siéges de Cour d'appel et dans les villes ou la population excede 30,000 ames	DROITS dans les villes où il y a Tribunal d'instance	DROITS dans les autres villes et cantons ruraux.	OBSERVATIONS.
			Fr. C.	Fr. C.	Fr. C.	Fr. C.	
		Pour faire légaliser la signature de l'imprimeur par le maire, s'il y a lieu·····	2 »	1 80	1 50	» »	
		CCLXXX.					
684· 685·	106·	Pour l'extrait de la saisie immobilière qui doit être imprimé et placardé, qui servira d'original, et ne pourra être grossoyé ···	6 »	5 40	4 50	» »	
		Il ne sera passé qu'un droit à l'avoué, attendu qu'aux termes de l'article 703, il ne doit entrer en taxe qu'une seule impression de placards, et que les additions subséquentes doivent être manuscrites.					Cet acte doit porter le coût. V. l'art. 66 du Tarif, numéro d'ordre, 454.
		CCLXXXI.					
685· 686·	50·	Pour l'original de l'acte d'apposition de placards, lequel ne contiendra pas la désignation des lieux où ils ont été apposés···	4 »	3 60	3 »	3 »	
		CCLXXXII.					
687·	29·	Notification à la partie saisie de l'acte d'apposition de placards ·············	2 »	1 80	1 50	1 50	Idem.
		Copie. ····················	» 50	» 45	» 5 7½	» 5 7½	
		CCLXXXIII.					
693·	29·	Signification aux créanciers inscrits de l'acte de consignation faite par l'acquéreur; en cas d'aliénation, qui peut avoir lieu après la saisie immobilière, sous la condition de consigner ····················	2 »	1 80	1 50	1 50	Idem.
		Copie·····················	» 50	» 45	» 3 7½	» 3 7½	
		CCLXXXIV.					
695·	29·	Notification d'un exemplaire du placard aux créanciers inscrits···············	2 »	1 80	1 50	1 50	Idem.
		Copie ····················	» 50	» 45	» 3 7½	» 3 7½	
		CCLXXXV.					
695·	107·	Vacation pour se faire délivrer l'extrait des inscriptions ····················	6 »	5 40	4 50	» »	
		CCLXXXVI.					
696·	108·	Vacation pour faire enregistrer à la conservation des hypothèques la notification du placard faite aux créanciers inscrits·······	6 »	5 40	4 50	» »	
		CCLXXXVII.					
697·	109·	Grosse du cahier des charges, contenant vingt-cinq lignes à la page, et douze syllabes à la ligne	2 »	1 80	1 50	» »	
		Il ne sera signifié de copie ni à la partie saisie ni aux créanciers inscrits, attendu que cette grosse doit être déposée au greffe, quinzaine avant la première publication, et que toute					

ARTICLES		NATURE DES ACTES ET NUMÉROS D'ORDRE.	DROITS à Paris, Bordeaux. Rouen et Bruxelles.	DROITS dans les Siéges de Cour d'appel et dans les villes où la population excède 30,000 âmes	DROITS dans les villes où il y a Tribunal d'instance	DROITS dans les autres villes et cantons ruraux.	OBSERVATIONS.
du CODE.	du TARIF.		Fr. C	Fr. C.	Fr. C.	Fr. C	
		partie intéressée a la faculté d'en prendre communication.					
		CCLXXXVIII.					
697.	110	Il ne sera fait qu'une seule grosse, et il n'en sera point remis à l'huissier-audiencier pour les publications; l'huissier publiera sur la note qui lui sera remise par le greffier, et le greffier constatera les publications, qui seront d'ailleurs signées par le juge.					
		Vacation pour déposer au greffe le cahier des charges·················	3 »	2 70	2 45	» »	
		CCLXXXIX.					
699 700	111	A chaque publication des charges, avec les dires qui pourront avoir lieu········	3 »	2 70	2 45	» »	
		Il ne sera point signifié d'acte de remise de la publication du cahier des charges, attendu que les parties intéressées peuvent se présenter à la première publication, et connoître les jours auxquels les publications subséquentes auront lieu; que d'ailleurs l'apposition des placards, et l'insertion dans un journal, annonçant les adjudications préparatoires et définitives, les instruiront suffisamment.					
		CCLXL.					
702 706	112 113	Vacation à l'adjudication préparatoire··	6 »	5 40	4 50	» »	
		Vacation à l'adjudication définitive ····	15 »	13 50	12 »	» »	
		Indépendamment des émoluments ci-dessus fixés, il sera alloué à l'avoué poursuivant, sur le prix des biens dont l'adjudication sera faite, au-dessus de 2,000 fr., savoir: depuis 2,000 jusqu'à 10,000, un pour cent. Sur la somme excédant 10,000, jusqu'à 50,000, demi pour cent; sur la somme excédant 50,000, jusqu'à 100,000, un quart pour cent, et sur l'excédent de 100,000, un huitième d'un pour cent. En cas d'adjudication par lots de biens compris dans la même poursuite, en l'état où elle se trouvera lors de l'adjudication, la totalité du prix des lots sera réunie pour fixer le montant de la remise.					
		Il ne sera passé que trois quarts de la remise aux avoués des tribunaux de département.					
		CCLXLI.					
707 709 710	114	Vacation pour enchérir··········	7 50	6 75	5 65	» »	
		Pour enchérir et se rendre adjudicataire·	15 »	13 50	11 35	» »	
		Pour faire la déclaration de command·	6 »	5 40	4 50	» »	
		Nota. Les vacations pour enchérir, et pour la déclaration de command, sont à la charge de l'enchérisseur ou de l'adjudicataire.					

ARTICLES. du CODE.	du TARIF.	NATURE DES ACTES ET NUMÉROS D'ORDRE.	DROITS à Paris, Bordeaux et Rouen et Bruxelles.	DROITS dans les Siéges de Cour d'appel et dans les villes où la population excéde 30,000 âmes	DROITS dans les villes où il y a Tribunal d'instance.	DROITS dans les autres villes et cantons ruraux.	OBSERVATIONS.
			Fr. C.	Fr. C.	Fr. C.	Fr. C.	
710.	115.	**CCLXLII.** Vacation pour faire au greffe la surenchère du quart au moins du prix principal de l'adjudication en saisie immobilière········	15 »	13 50	11 25	» »	
711.	116.	**CCLXLIII.** Pour l'acte de dénonciation de la surenchère aux avoués de l'adjudicataire du poursuivant et de la partie saisie, si elle en a constitué, contenant avenir à la prochaine audience······················· Copie·······················	1 » » 25	» 90 » 22$\frac{1}{2}$	» 75 » 18$\frac{3}{4}$	» » » »	
		TITRE XIII. *Des incidents sur la poursuite immobilière.*					
719	117.	ART. **CCLXLIV.** Pour la requête d'avoué à avoué, contenant demande afin de réunion de poursuites de saisie immobilière de biens différents, portées devant le même tribunal, par chaque rôle························· Copie·························	2 » » 50	1 80 » 45	1 50 » 37$\frac{1}{2}$	» » » »	
720.	118.	**CCLXLV.** Pour l'acte de dénonciation de la plus ample saisie au premier saisissant, avec sommation de se mettre en état··········· Copie··················	3 » » 75	2 70 » 67-	2 25 » 56$\frac{1}{4}$	2 25 » 56$\frac{1}{4}$	Cet acte doit porter le coût. *V.* art. 66 du Tarif, numéro d'ordre, 454.
721. 722.	119.	**CCLXLVI.** Pour l'acte contenant demande en subrogation à la poursuite, soit faute par le premier saisissant de s'être mis en état sur la plus ample saisie, soit en cas de collusion, faute ou négligence de la part du poursuivant. Copie························· *Idem.* Pour la réponse·	5 » 1 25	4 50 1 12$\frac{1}{2}$	3 75 » 93$\frac{3}{4}$	» » » »	
726.	120	**CCLXLVII.** Vacation pour faire viser par le greffier l'exploit d'intimation sur l'appel du jugement, en vertu duquel il a été procédé à la saisie immobilière··············	2 »	1 80	1 50	» »	
727.	122.	**CCLXLVIII.** Pour la requête d'avoué à avoué, contenant demande en distraction, par chaque rôle························· Copie························· *Idem,* pour la réponse.	2 » » 50	1 80 » 45	1 50 » 37$\frac{1}{2}$	» » » »	

F

ARTICLES du CODE.	du TARIF.	NATURE DES ACTES ET NUMÉROS D'ORDRE.	DROITS à Paris, Bordeaux, Rouen et Bruxelles.	DROITS dans le Siéges de Cour d'appel et dans les ville où la population excède 30 o¹⁰ âmes	DROITS dans les villes où il y a Tribunal d'instance.	DROITS dans les autres villes et cantons ruraux.	OBSERVATIONS.
		CCLXLIX.	Fr. C.	Fr. C.	Fr. C.	Fr. C.	Cet acte doit porter le coût. V. l'art. 66 du Tarif, numéro d'ordre, 454.
727	29.	Exploit de demande en distraction d'objets saisis immobilièrement contre la partie qui n'a pas avoué en cause..........	2 "	1 80	1 50	1 50	
		Copie	" 50	" 45	" 37½	" 37	
		CCC.					
728	121.	Vacation pour déposer au greffe les titres justificatifs d'une demande en distraction d'objets immobiliers saisis............	5 "	2 70	2 45	" "	
		CCCI.					
729	123.	Pour la requête d'avoué à avoué, contenant demande en décharge de l'adjudication préparatoire de la part de l'adjudicataire, en cas de demande en distraction de tout ou partie de l'objet saisi immobilièrement, pour chaque rôle, sans cependant qu'elle puisse excéder le nombre de trois rôles............................	2 "	1 80	1 50	" "	
		Copie.....................	" 50	" 45	" 37½	" "	
		Idem, pour la réponse.					
		CCCII.					
733.	124	Requête d'avoué à avoué de la part de la partie saisie, contenant moyens de nullité contre la procédure antérieure à l'adjudication préparatoire, par chaque rôle.....	2 "	1 80	1 50	" "	Idem.
		Copie....................	" 50	" 45	" 37½	" "	
		Idem, pour la réponse.					
		CCCIII.					
734. 736	29.	De la notification au greffier, de l'appel du jugement qui aura statué sur les nullités proposées........................	2 "	1 80	1 50	" "	Idem.
		Copie.......................	" 50	" 45	" 37½	" "	
		CCCIV.					
735.	125.	Requête d'avoué à avoué de la part de la partie saisie, contenant ses moyens contre les procédures postérieures à l'adjudication préparatoire.....................	2 "	1 80	1 50	" "	
		Copie....................	" 50	" 45	" 37½	" "	
		Idem, pour la réponse.					
		CCCV.					
758	126	Vacation pour requérir le certificat du greffier, constatant que l'adjudicataire n'a pas justifié de l'acquit des conditions exigibles de l'adjudication..............	5 "	2 70	2 25	" "	

ARTICLES du CODE.	ARTICLES du TARIF.	NATURE DES ACTES ET NUMÉROS D'ORDRE	DROITS à Paris, Bordeaux, Rouen et Bruxelles	DROITS dans les Siéges de Cour d'appel et dans les villes où la population excède 40,000 âmes	DROITS dans les villes où il y a Tribunal d'instance	DROITS dans les autres villes et cantons ruraux	OBSERVATIONS
			Fr. C.	Fr. C.	Fr. C.	Fr. C.	
740.	Résultat de l'art. 70	CCCVI. Acte en notification du placard à l'avoué de l'adjudicataire et de la partie saisie··· Copie. ·············	1 » » 25	» 90 » 22 ½	» 75 » 18 ¾	» » » »	Ces é u; actes ont été omis dans le tarif, ils doivent cependant être faits à point de utilité. V art. 740, Code judic. ire.
740.	Résultat de l'art. 29.	CCCVII. Acte en notification du placard au domicile de la partie saisie, quand elle n'a point d'avoué ·············· Copie···············	2 » » 50	1 80 » 45	1 50 » 57 ½	1 50 57 ½	Cet acte doit porter le coût. V. art. 66 du Tarif, numéro d'ordre, 454.
747.	130.	CCCVIII. Requête non grossoyée et non signifiée sur le consentement de toutes les parties intéressées, pour demander, après saisie immobilière, que l'immeuble saisi soit vendu aux enchères, par-devant notaire ou en justice.	6 »	5 40	4 50	» »	
		TITRE IV. De l'ordre.					
750.	130.	ART. CCCIX. Vacation pour requérir sur le registre tenu au greffe, la nomination, par le président du tribunal, d'un juge-commissaire devant lequel il sera procédé à l'ordre · Si deux ou plusieurs avoués se présentent en même temps au greffe, pour faire la même réquisition, ils se retireront sur le champ sans sommation devant le président du tribunal, qui décidera quelle est la réquisition qui doit être admise sans dresser aucun procès-verbal, et il ne sera alloué aucune vacation aux avoués.	6 »	5 40	4 50	» »	
752.	131.	CCCX. Requête au juge-commissaire, à l'effet d'obtenir son ordonnance portant que les créanciers inscrits seront tenus de produire, et vacation pour se faire délivrer l'ordonnance, le tout ensemble ············	5 »	2 70	2 25	» »	
753.	131.	CCCXI. Vacation pour se faire délivrer, par le conservateur des hypothèques, l'extrait des inscriptions ···· ····	6 »	5 40	4 50	» »	
755.	132.	CCCXII. Sommation d'avoué à avoué aux créanciers inscrits qui en ont constitué, de produire dans le mois ·············· Copie·············	1 » » 25	» 90 » 22 ½	» 75 » 18 ¾	» » » »	

1.*

ARTICLES du CODE.	ARTICLES du TARIF.	NATURE DES ACTES ET NUMÉROS D'ORDRE.	DROITS à Paris, Bordeaux, Rouen et Bruxelles.	DROITS dans les Siéges de Cour d'appel et dans les villes où la population excède 40,000 ame.	DROITS dans les villes où il y a Tribunal d'instance.	DROITS dans les autres villes et cantons ruraux.	OBSERVATIONS.
			Fr. C.	Fr. C.	Fr. C.	Fr. C.	
755	29	**CCCXIII.** Sommation aux créanciers inscrits, de produire. . . . . Copie	2 " " 50	1 80 " 45	1 50 " 57½	1 50 " 57½	Cet acte doit porter le coût. V l'art. 66 du Tarif, numéro d'ordre, 454.
754	153	**CCCXIV.** Acte de production des titres, contenant demande de collocation et constitution d'avoué, y compris la vacation pour produire.	20 "	18 "	15 "	" "	
755	154	**CCCXV.** Dénonciation par acte d'avoué à avoué, aux créanciers produisant et à la partie saisie, de la confection de l'état de collocation, avec sommation d'en prendre communication, et de contredire s'il y échet sur le procès-verbal du juge-commissaire, dans le délai d'un mois ; le procès-verbal ne sera ni levé ni signifié : il ne sera enregistré que lors de la délivrance des mandements . . . . Copie.	5 " " 75	2 70 " 67½	2 25 " 56¼	" " " "	
756	155	**CCCXVI.** Vacations pour prendre communication des productions et contredire sur le procès-verbal du commissaire, sans qu'il puisse être passé plus d'une vacation dans le même ordre, sous quelque prétexte que ce soit. Il sera passé à l'avoué poursuivant, une demi-vacation par chaque production, pour en prendre communication et contredire s'il y a lieu.	10 " 5 "	9 " 4 50	7 50 3 75	" " " "	
757	156	**CCCXVII.** Pour la dénonciation aux créanciers inscrits, et à la partie saisie, des productions après les délais dans les ordres, et sommation d'en prendre communication et de contredire s'il y a lieu. . . . . Copie.	5 " " 75	2 70 " 67½	2 25 " 56¼	" " " "	
759	157	**CCCXVIII.** Vacation pour faire rayer une ou plusieurs inscriptions, en vertu du même jugement . . . . Vacation pour requérir et se faire délivrer le mandement ou bordereau de collocation. . . . . NOTA. Les bordereaux de collocation et l'ordonnance de main levée des inscriptions non utilement colloquées, contenant nécessairement la totalité du	6 " 5 "	5 40 4 50	4 50 3 75	" " " "	

ARTICLES du CODE.	ARTICLES du TARIF.	NATURE DES ACTES ET NUMÉROS D'ORDRE.	DROITS à Paris, Bordeaux, Rouen et Bruxelles.	DROITS dans les Siéges de Cour d'appel et dans les villes où la population excède 30,000 ames.	DROITS dans les villes où il y a Tribunal d'instance.	DROITS dans les autres villes et cantons ruraux.	OBSERVATIONS.
			Fr. C.	Fr. C.	Fr. C.	Fr. C.	
		procès-verbal du juge-commissaire, l'expédition en-tière seroit un double emploi; elle ne sera ni le-vée ni signifiée.					
		CCCXIX.					
779	138	Requête pour demander la subrogation à la poursuite d'ordre; elle ne sera point grossoyée	5 »	2 70	2 25	» »	
		CCCXX.					
779	139	Vacation pour la faire insérer au procès-verbal du juge-commissaire	1 50	1 35	1 15	» »	
		Signification de la requête au poursui-vant, par acte d'avoué à avoué	1 »	» 90	» 75	» »	
		Copie	» 25	» 22 $\frac{7}{}$	» 18 $\frac{1}{2}$	» »	
		Idem, pour la réponse					
		TITRE XV.					
		De l'emprisonnement.					Cet acte doit porter le coût. *V.* l'art. 66 du Tarif, nu-méro d'or-dre, 454.
		ART. **CCCXXI.**					
780	51	Pour l'original de la signification du ju-gement qui prononce la contrainte par corps, avec commandement	5 »	2 70	2 »	1 35	
		Copie	» 75	» 67 $\frac{1}{2}$	» 50	» 31 $\frac{1}{4}$	
		CCCXXII.					
780	76	Requête pour faire commettre un huissier, afin de signifier le jugement	2 »	1 80	1 50	» »	
		CCCXXIII.					
781	6	Pour le transport d'un juge de paix à l'arrestation d'un débiteur condamné par corps dans le domicile où il se trouve . .	10 »	9 »	7 50	5 »	
		CCCXXIV.					
781	58	Vacation pour obtenir l'ordonnance du juge de paix, à l'effet, par ce dernier, de se transporter dans le lieu où se trouve le débiteur condamné par corps, et requérir son transport	2 50	2 25	2 »	2 »	
		CCCXXV.					
782	77	Requête à l'effet d'obtenir, pour le té-moin assigné, un sauf-conduit qui ne pourra être accordé que sur les conclusions du mi-nistère public, et qui réglera sa durée .	5 »	2 70	2 25	» »	
		Les requêtes ci-dessus ne seront point grossoyées, et la vacation pour prendre l'ordonnance est comprise dans la taxe.					
		CCCXXVI.					
875 789	55	Pour le procès-verbal d'emprisonnement d'un débiteur, y compris l'assistance de deux recors et l'écrou	60 25	54 22 $\frac{1}{2}$	40 »	30 »	Idem.

ARTICLES du CODE.	du TARIF.	NATURE DES ACTES ET NUMÉROS D'ORDRE.	DROIT à Paris, Bordeaux, Rouen et Bruxelles.	DROITS dans les Sièges de Cour d'appel et dans les villes ou la population excède 40,000 âmes	DROITS dans les villes où il y a Tribunal d'instance.	DROITS dans les autres villes et cantons ruraux.	OBSERVATIONS.
			Fr. C.	Fr. C.	F. C.	Fr. C.	
		Il ne pourra être passé aucun procès-verbal de perquisition pour lequel l'huissier n'aura point de recours, même contre sa partie, la somme ci-dessus lui étant allouée en considération des démarches qu'il pourroit faire.					
		CCCXXVII.					
786.	54	Vacation de l'huissier en référé, si le débiteur arrêté le requiert · · · · · · · · · · · · · · ·	8 »	7 20	6 »	6 »	
		CCCXXVIII.					
789.	55.	Pour la copie du procès-verbal d'emprisonnement et de l'écrou, le tout ensemble ·	3 »	2 70	2 25	2 25	
		CCCXXIX.					
790	56.	Il sera taxé au gardien ou geolier qui transcrira sur son registre le jugement portant la contrainte par corps, par chaque rôle d'expédition · · · · · · · · · · · · · · · · ·	» 25	» 22½	» 20	» 20	
		CCCXXX.					
792. 795	57.	Pour un acte de recommandation d'un débiteur emprisonné sans assistance de recors ·	4 »	3 60	3 »	3 »	Cet acte doit porter le coût. V. l'art. 66 du Tarif, numéro d'ordre, 454.
		Pour chaque copie à donner au débiteur et au geolier · · · · · · · · · · · · · · · · ·	1 »	» 90	» 75	» 75	
		CCCXXXI.					
795.	77.	Requête à l'effet de demander la nullité de l'emprisonnement d'un débiteur détenu pour dettes · · · · · · · · · · · · · · · · ·	3 »	2 70	2 25	» »	
		CCCXXXII.					
796.	58.	Pour la signification d'un jugement qui déclare un emprisonnement nul, et la mise en liberté du débiteur · · · · · · · · · · · · ·	4 »	3 60	3 »	3 »	Idem.
		Copie ·	1 »	» 90	» 75	» 75	
		CCCXXXIII.					
800. 805.	77.	Requête pour demander la liberté d'un détenu pour dettes, dans tous les cas prévus par l'article 800 · · · · · · · · · · · · · ·	3 »	2 70	2 25	» »	
		CCCXXXIV.					
802	77.	Requête pour assigner le geolier qui refuse de recevoir la consignation de la dette	3 »	2 70	2 25	» »	
		CCCXXXV.					
805	77.	Requête pour demander la liberté, faute de consignation d'aliments · · · · · · · · · · · ·	3 »	2 70	2 25	» »	

ARTICLES du CODE.	du TARIF.	NATURE DES ACTES ET NUMÉROS D'ORDRE.	DROITS à Paris, Bordeaux, Rouen et Bruxelles.	DROITS dans les Siéges de Cour d'appel et dans les villes où l. population excéde 30,000 ames	DROITS dans les villes où il y a Tribunal d'instance.	DROITS dans les autres villes et cantons ruraux	OBSERVATIONS.
			Fr. C.	Fr. C.	Fr. C.	Fr. C.	
		TITRE XVI.					
		Des référés.					
		ART. CCCXXXVI.					
806	93	Vacation en référé contradictoire	5 »	4 50	3 75	» »	
		Par défaut	3 »	2 70	2 25	» »	
		CCCXXXVII.					
807	29	Assignation en référé dans le cas d'urgence, ou lorsqu'il s'agit de statuer sur les difficultés relatives à l'exécution d'un titre exécutoire ou d'un jugement	2 »	1 80	1 50	1 50	Cet acte doit porter le coût. V. l'art. 66 du Tarif, numéro d'ordre, 454.
		Copie	» 50	» 45	» $37\frac{1}{2}$	» $37\frac{1}{2}$	
		CCCXXXVIII.					
808	76	Requête afin d'assigner extraordinairement en référé, si le cas requiert célérité	2 »	1 80	1 50	» »	
		CCCXXXIX.					
809	29	Signification d'une ordonnance sur référé	2 »	1 80	1 50	1 50	Idem.
		Copie	» 50	» 45	» $37\frac{1}{2}$	» $37\frac{1}{2}$	
		CCCXL.					
809	149	Les frais faits sur les appels d'ordonnance en référé, seront liquidés comme en matière sommaire.					

DEUXIEME PARTIE.

PRCEDURES DIVERSES.

LIVRE I.er

TITRE I.er

Des offres de paiement et de la consignation.

ARTICLES du CODE.	du TARIF.	NATURE DES ACTES	DROITS à Paris	DROITS Siéges	DROITS villes Trib.	DROITS autres villes	OBSERVATIONS
		ART. CCCXLI.					
813	59	Pour l'original du procès—verbal d'offre, contenant le refus ou l'acceptation du créancier	3 »	2 70	2 25	2 25	Idem. V. numéros d'ordre, 496, 497, 498 et 499.
		Copie	» 75	» $67\frac{1}{2}$	» $56\frac{1}{4}$	» $56\frac{1}{4}$	
		CCCXLII.					
815	75	Requête pour demander incidemment la nullité ou la validité de l'offre	2 »	1 80	1 50	» »	

ARTICLES du CODE.	ARTICLES du TARIF.	NATURE DES ACTES ET NUMÉROS D'ORDRE.	DROITS à Paris, Bordeaux, Rouen et Bruxelles.	DROITS dans les Sièges de Cour d'appel et dans les villes ou la population excède 40,000 âme	DROITS dans les villes où il y a Tribunal d'instance.	DROITS dans les autres villes et cantons ruraux.	OBSERVATIONS.
			Fr. C.	Fr. C.	Fr. C.	Fr. C.	
		TITRE II. *Du droit des propriétaires sur les meubles, effets et fruits de leurs locataires et fermiers, ou de la saisie-gagerie et de la saisie arrêt sur débiteurs forains.*					
819.	29	ART. CCCXLIII. Commandement à la requête des propriétaires et principaux locataires de maisons ou biens ruraux, à leurs locataires, sous-locataires et fermiers, pour paiement de loyers ou fermages échus	2 »	1 80	1 50	1 50	Cet acte doit porter le coût. V. l'art. 66 du Tarif, numéro d'ordre, 454
		Copie	» 50	» 45	» 37½	» 37½	
819. 822. 825.	61	CCCXLIV. Les procès-verbaux de saisie-gagerie sur locataires et fermiers, et ceux de saisie des effets du débiteur forain, seront taxés comme ceux de saisie exécution, ainsi que tout le reste de la poursuite. Voyez n.os d'ordre 229, 230 et suivants.					
819.	76	CCCLXV. Requête afin de saisir-gager à l'instant les meubles et effets garnissant les maisons et fermes	2 »	1 80	1 50	» »	
822.	76	CCCXLVI. Requête afin de permission de saisir les effets de son débiteur forain, trouvés en la commune qu'habite le créancier	2 »	1 80	1 50	» »	
826. 827.	77	**TITRE III.** *De la saisie revendication* ART. CCCXLVII. Requête pour demander la permission de saisir revendiquer, contenant la désignation des effets	5 »	2 70	2 25	» »	Idem.
829.	62	CCCXLVIII. Procès-verbal tendant à saisie revendication, s'il y a refus de portes ou opposition à la saisie contenant assignation en référé devant le juge, y compris les témoins . .	5 »	4 50	4 »	4 »	
		Copie	1 25	1 12	1 »	1 »	
852.	65	**TITRE IV.** *De la surenchère sur aliénation volontaire.* ART. CCCXLXI. Pour l'original de l'acte contenant réquisition de la part d'un créancier inscrit, afin de mise aux enchères et adjudication publique de l'immeuble aliéné par son débiteur . . .	5 »	4 50	4 »	4 »	Idem.

ARTICLES. du CODE. / du TARIF	NATURE DES ACTES ET NUMÉROS D'ORDRE.	DROITS à Paris, Bordeaux. Rouen et Bruxelles.	DROITS dans les Siéges de Cour d'appel et dans les villes où la population excéde 30,000 âm.s	DROITS dans les villes où il y a Tribunal d'instance	DROITS dans les autres villes et cantons ruraux.	OBSERVATIONS.
		Fr. C. 1 25	Fr. C. 1 12½	Fr. C. 1 "	Fr. C. 1 "	
	Copie . . . . L'original et la copie de cette réquisition seront signés par le requérant ou par son fondé de procuration spéciale. Il contiendra la soumission de porter ou faire porter le prix à un dixième en sus de celui qui aura été stipulé dans le contrat et l'offre d'une caution, avec assignation devant le tribunal pour la réception de la caution					
852. / 76.	CCCL. Requête afin de faire commettre un huissier pour notifier le titre du nouveau propriétaire aux créanciers inscrits	2 "	1 80	1 50	" "	
852. / 76.	CCCLI. Requête afin de faire commettre un huissier à l'effet de notifier la réquisition de surenchère	2 "	1 80	1 50	" "	
852. / 128.	CCCLII. Pour dresser le cahier des charges, en faire le dépôt au greffe et pour les publications, les extraits à placarder et insérer dans les journaux, les adjudications préparatoires et définitives seront réglées et taxées comme en saisie immobilière. Voyez n.os d'ordre 279, 280, 287, 290, 291 et 292.					
	TITRE V. *Des voies à prendre pour avoir expédition ou copie d'un acte, ou pour le faire réformer.*					
839. / 841. / 844. / 854. / 78.	ART. CCCLIII. Requête afin de permission de se faire délivrer expédition ou copie d'un acte parfait, non enregistré ou même resté imparfait, ou pour se faire délivrer une seconde grosse	7 50	6 75	5 50	" "	
840 / 29	CCCLIV. Assignation et sommation à un notaire et aux parties intéressées, s'il y a lieu, pour avoir expédition d'un acte parfait . . . . . . Copie	2 " " 50	1 80 " 45	1 50 " 37½	1 50 " 75½	Cet acte doit porter le coût. *V.* art. 66 du Tarif, numéro d'ordre, 454.
841 / 29	CCCLV. Assignation et sommation à un notaire et aux parties intéressées, s'il y a lieu, pour avoir expédition d'un acte non enregistré et resté imparfait	2 "	1 80	1 50	1 50	Idem.

G

ARTICLES du CODE.	du TARIF.	NATURE DES ACTES ET NUMÉROS D'ORDRE.	DROITS à Paris, Bordeaux, Rouen et Bruxelles.	DROITS dans les Siéges de Cour d'appel et dans les villes où la population excède 30,000 ames	DROITS dans les villes où il y a Tribunal d'instance.	DROITS dans les autres villes et cantons ruraux.	OBSERVATIONS.
			fr. c.	fr. c.	fr. c.	fr. c.	
		Copie	» 50	» 45	» 37½	» 37½	Cet acte doit porter le coût *V* l'art. 66 du Tarif, numéro d'ordre, 454.
844.	29	CCCLVI. Assignation comme ci-dessus, pour avoir une seconde grosse..................	2 »	1 80	1 50	1 50	
		Copie	» 50	» 45	» 37½	» 57½	
847	75	CCCLVII. Requête afin de se faire autoriser à compulser un acte, qui ne pourra excéder six rôles, par rôle	2 »	1 80	1 50	» »	
		Même droit pour la réponse.					
850.	92.	CCCLVIII. Pour assistance au compulsoire et dires au procès-verbal, par chaque vacation....	6 »	5 40	4 50	4 50	
853.	78	CCCLIX. Requête afin de réformation d'un acte de l'état civil...................	7 50	6 75	5 50	» »	
856.	29.	CCCLX. Exploit d'une demande à domicile, afin de notification d'un acte de l'état civil..	2 »	1 80	1 50	1 50	Idem.
		Copie..........................	» 50	» 45	» 37½	» 37½	
856	71	CCCLXI. Acte contenant demande en notification d'un acte de l'état civil..............	5 »	4 50	5 75	5 75	Idem.
		Copie..........................	1 25	1 12½	» 95¾	» 95¾	
858	150	CCCLXII. Les requêtes en prise à partie et celle de pourvoi contre un jugement qui a statué sur une demande en rectification d'un acte de l'état civil, quand il n'y a d'autre partie que la demanderesse en rectification, seront taxés....................	15 »	15 »	15 «	» »	
		TITRE VI. *De quelques dispositions relatives à l'envoi en possession des biens d'un absent*					
		ART. CCCLXIII.					
859	78.	Requête à l'effet de faire pourvoir à l'administration des biens d'une personne présumée absente	7 50	6 75	5 50	» »	*V. n.° d'ordre de 480.*
860	78.	CCCLXIV. Requête afin d'envoi en possession des biens d'un absent.................	7 50	6 75	5 50	» »	

ARTICLES.		NATURE DES ACTES ET NUMÉROS D'ORDRE.	DROITS à Paris, Bordeaux, Rouen et Bruxelles.	DROITS dans les Siéges de Cour d'appel et dans les villes où la population excède 30,000 ames	DROITS dans les villes où il y a Tribunal d'instance.	DROITS dans les autres villes et cantons ruraux.	OBSERVATIONS.
du CODE.	du TARIF.		Fr. C.	Fr. C.	Fr. C.	Fr. C.	
		TITRE VII. *Autorisation de la femme mariée.* ART. CCCLXV.					Cet acte doit porter le coût. V. art. 66 du l'arif, numéro d'ordre, 454.
861.	29.	Sommation à la requête de la femme à son mari de l'autoriser.......... Copie.......................	2 " " 50	1 80 " 45	1 50 " 37	1 50 " 37 ½	
861.	78.	CCCLXVI. Requête de la femme, à l'effet de citer son mari à la chambre du conseil, pour déduire les causes de son refus de l'autoriser.	7 50	6 75	5 50	" "	
863. 864.	78.	CCCLXVII. Requête de la femme, en cas d'absence présumée ou déclarée du mari, ou en cas d'interdiction, pour se faire autoriser....	7 50	6 75	5 50	" "	
		TITRE VIII. *Des séparations de biens.* ART. CCCLXVIII.					
865.	78.	Requête de la femme qui se pourvoit en séparation de biens............	7 50	6 75	5 50	" "	
866. 867. 868.	92.	CCCLXIX. Vacation pour faire et remettre l'extrait de la demande en séparation de biens qui doit être inséré dans les tableaux de l'auditoire du tribunal de commerce, des chambres des avoués de première instance et des notaires, et le faire insérer dans un journal, le tout ensemble..............	6 "	5 40	4 50	" "	
871.	70.	CCCLXX. Sommation à la requête des créanciers du mari, à l'avoué de la femme poursuivant la séparation de biens, de leur communiquer la demande et les pièces justificatives. Copie............................	1 " " 25	" 90 " 22 ½	" 75 " 18 ¾	" " " "	
871.	75.	CCCLXXI. Requête d'intervention des créanciers du mari dans la séparation de biens, par rôle Copie............................ *Idem.* Pour la réponse.	2 " " 50	1 80 " 45	1 50 " 37 ½	" " " "	
872.	92.	CCCLXXII. Vacation pour faire insérer l'extrait du jugement qui aura prononcé la séparation de biens, dans les mêmes tableaux et dans un journal, le tout ensemble..........	6 "	5 40	4 50	" "	

G*

ARTICLES du CODE	du TARIF	NATURE DES ACTES ET NUMÉROS D'ORDRE.	DROITS à Paris, Bordeaux, Rouen et Bruxelles.	DROITS dans les Siéges de cour d'appel et dans les villes où la population excède 30,000 ames	DROITS dans les villes où il y a Tribunal d'instance.	DROITS dans les autres villes et cantons ruraux.	OBSERVATIONS.
			Fr. C.	Fr. C.	Fr. C.	Fr. C.	
874.	91.	**CCCLXXIII.** Vacation pour assister au greffe la femme qui fait sa renonciation à la communauté, en cas de séparation de biens··········	5 »	2 70	2 25	» »	
		TITRE IX. *De la séparation de corps, et du divorce*					
875.	79	ART. **CCCLXXIV.** Requête de l'époux qui se pourvoit en séparation de corps, contenant sommairement les faits·················	15 »	13 50	12 »	» »	*V.* n.° d'ordre 481.
876	29.	**CCCLXXV.** Exploit de demande en séparation de corps. Copie ······················	2 » » 50	1 80 » 45	1 50 1 57½	1 50 » 57½	Cet acte doit porter le coût. *V.* art. 66 du Tarif, numéro d'ordre 454.
880.	92.	**CCCLXXVI.** Vacation pour faire insérer l'extrait du jugement qui prononcera la séparation de corps, dans les mêmes tableaux et dans un journal, le tout ensemble··········	6 »	5 40	4 50	» »	
		TITRE X. *Des avis de parents.*					
882.	21 22	ART. **CCCLXXVII.** Acte en notification de l'avis du conseil de famille··························· Copie ··························	1 50 » 57½	1 50 » 57½	1 50 » 57½	1 50 » 57½	Idem.
883	29	**CCCLXXVIII.** Exploit d'ajournement pour demander la réformation d'un avis du conseil de famille qui n'a pas été unanime·············· Copie·····················	2 » » 50	1 80 » 45	1 50 » 57½	1 50 » 57½	Idem.
885	78	**CCCLXXIX.** Requête afin d'homologation de l'avis du conseil de famille··············	7 50	6 75	5 50	» »	
888.	29.	**CCCLXXX.** Opposition formée à la requête des membres d'un conseil de famille, à l'homologation de la délibération ·············· Copie. ························	2 » » 50	1 80 » 45	1 50 » 57½	1 50 » 57½	Idem.
		TITRE XI. *De l'interdiction.*					
890.	79.	ART. **CCCLXXXI.** Requête en interdiction, contenant le détail des faits et l'indication des témoins··	15 »	13 50	12 »	» »	*V.* n.° d'ordre 494.

ARTICLES. du COUR.	du TARIF.	NATURE DES ACTES ET NUMÉROS D'ORDRE.	DROITS à Paris, Bordeaux Rouen et Bruxelles	DROITS dans les Siéges de Cour d'appel et dans les villes où la population excède 30,000 âmes	DROITS dans les villes où il y a Tribunal d'instance.	DROITS dans les autres villes et cantons ruraux.	OBSERVATIONS.
			Fr. C.	Fr. C.	Fr. C.	Fr. C.	
892.	92.	**CCCLXXXII.** Vacation pour assister à la délibération du conseil de famille qui suit la demande en interdiction, et avant l'homologation.	6 »	5 40	4 50	» »	
		TITRE XII. *Du bénéfice de cession.*					
898	92.	ART. **CCCLXXXIII.** Vacation pour déposer au greffe le bilan, les livres et les titres actifs, s'il y en a, d'un débiteur qui demande à être admis au bénéfice de cession···············	6 »	5 40	4 50	» »	»
901	64	**CCCLXXXIV.** Procès-verbal de réitération de la cession par le débiteur failli, à la maison commune, s'il n'y a pas de tribunal de commerce·· Copie ·························	4 » 1 »	3 60 » 90	3 » » 75	» » » »	Cet acte doit porter le coût. V. l'art 66 du Tarif, numéro d'ordre, 454.
902	65.	**CCCLXXXV.** Procès-verbal d'extraction de la prison du débiteur failli, à l'effet de faire la réitération de sa cession de biens, indépendamment du procès-verbal de réitération········	6 »	5 40	5 »	5 »	Idem.
903.	92	**CCCLXXXVI.** Vacation pour faire l'extrait d'un jugement qui admet à la cession de biens, et le faire insérer au tableau du tribunal de commerce ou du tribunal de première instance qui en a fait les fonctions, dans le lieu des séances de la maison commune, et dans un journal, le tout ensemble·········	6 »	5 40	4 50	» »	

LIVRE II.

PROCÉDURES RELATIVES A L'OUVERTURE D'UNE SUCCESSION.

TITRE I.er

De l'apposition des scellés, après décès.

		CCCLXXXVII.					
909	1.	Il est accordé au juge de paix, par chaque vacation d'apposition de scellés, qui sera de trois heures au moins·············· Dans la première vacation seront compris les temps du transport et du retour du juge de paix; s'il n'y a qu'une seule vacation,	5 »	4 50	3 75	2 50	

ARTICLES du CODE.	du TARIF.	NATURE DES ACTES ET NUMÉROS D'ORDRE.	DROITS à Paris, Bordeaux, Rouen et Bruxelles.	DROITS dans les Siéges de Cour d'appel et dans les villes où la population excede 30,000 ames	DROITS dans les villes où il y a Tribunal d'instance.	DROITS dans les autres villes et cantons ruraux.	OBSERVATIONS.
			Fr. C.	Fr. C.	Fr. C.	Fr. C.	
		elle sera payée comme complète , encore qu'elle n'ait pas été de trois heures. Si le nombre des vacations paroît excessif, le président du tribunal de première instance , en procédant à la taxe, pourra le réduire.					
		CCCLXXXVIII.					
909.	16.	Il est alloué au greffier du juge de paix, par chaque vacation · · · · · · · · · · · · · ·	5 33½	3 "	2 50	1 66½	
		Il est encore alloué au greffier les deux tiers des frais de transport, dans les mêmes cas où ils sont alloués aux juges de paix. *Voyez* n.º d'ordre 392. Les greffiers des juges de paix ne pourront délivrer d'expéditions entières des procès-verbaux d'apposition, reconnoissance et levée de scellés , qu'autant qu'ils en seront expressément requis par écrit. Ils seront tenus de délivrer les extraits qui leur seront demandés , quoique l'expédition entière n'ait été ni demandée ni délivrée.					
		CCCLXXXIX.					
909.	78.	Requête d'un créancier pour obtenir la permission de faire apposer scellés · · · · · ·	7 50	6 75	5 50	" "	
		CCCXC.					
911.	94.	Vacation à l'apposition des scellés, par trois heures · · · · · · · · · · · · · · · · · ·	6 "	5 40	4 50	" "	
		CCCXCI.					
916.	2.	S'il y a lieu à référé, lors de l'apposition des scellés ou dans le cours de leur levée, ou pour présenter un testament ou autre papier cacheté au président du tribunal de première instance, les vacations du juge de paix lui sont allouées comme celles pour l'apposition des scellés. *Voyez* n.º d'ordre 387					
		CCCXCII.					
916.	3	En cas de transport du juge de paix devant le président du tribunal de première instance, il lui est accordé par chaque myriamètre. · · · · · · · · · · · · · · · · · · ·	2 "	2 "	2 "	2 "	
		Pour le retour · · · · · · · · · · · · · · · · ·	2 "	2 "	2 "	2 "	
		Et par journée de cinq myriamètres · · ·	10 "	10 "	10 "	10 "	
		Il ne lui est accordé qu'une seule journée quand la distance ne sera pas de plus de deux myriamètres et demi , y compris sa vacation devant le président du tribunal.					

ARTICLES du CODE.	du TARIF.	NATURE DES ACTES ET NUMÉROS D'ORDRE.	DROITS à Paris, Bordeaux, Rouen et Bruxelles.	DROITS dans les Siéges de Cour d'appel et dans les villes où la population excède 30,000 âmes.	DROITS dans les villes où il y a Tribunal d'instance.	DROITS dans les autres villes et cantons ruraux.	OBSERVATIONS.
			Fr. C.	Fr. C.	Fr. C.	Fr. C.	
		Si la distance est de plus de deux myriamètres et demi, il lui sera payé deux journées pour l'aller, le retour et la vacation devant le président du tribunal.					
916. 918. 920. 921. 922	94.	CCCXCIII. Vacation en référé lors de l'apposition, ou dans le cours de la levée des scellés.....	6 »	5 40	4 50	» »	
921.	2.	CCCXCIV. Voyez n.° 391 d'ordre.					
921.	16.	CCCXCV. Voyez n.° 388 d'ordre.					
925.	17.	CCCXCVI. Il sera taxé au greffier du juge de paix, pour sa vacation à l'effet de faire sa déclaration de l'apposition des scellés, sur les registres du greffe du tribunal de première instance, dans les villes où elle est prescrite, les deux tiers d'une vacation du juge de paix. Voyez pour les droits, n.° 388 d'ordre.					
926.	18.	CCCXCVII. Il est alloué au greffier du juge de paix, par chaque opposition aux scellés, qui sera formée par déclaration, sur le procès-verbal de scellés.....................	» 50	» 45	» 40	» 40	
926.	20.	CCCXCVIII. Il est alloué par chaque extrait des oppositions aux scellés, à raison par chaque opposition de....................	» 50	» 45	» 40	» 40	
926.	21	CCCXCIX. Opposition aux scellés............. Copie.........................	1 50 » 37½	1 35 » 33¼	1 25 » 31¼	1 25 » 31¼	Cet acte doit porter le coût. V. art, 66 du Tarif, numéro d'ordre, 454.
928. 931.	77.	TITRE II. De la levée du scellé. ART. CD. Requête pour faire commettre un notaire, à l'effet de faire représenter les absents présumés, dans les inventaires, comptes, partage et liquidation dans lesquels ils sont intéressés.................... La vacation à prendre l'ordonnance est comprise.	3 »	2 70	2 25	» »	

ARTICLES du CODE.	du TARIF.	NATURE DES ACTES ET NUMÉROS D'ORDRE.	DROITS à Paris, Bordeaux, Rouen et Bruxelles.	DROITS dans les Siéges de Cour d'appel et dans les villes où la population excède 30,000 âmes.	DROITS dans les villes où il y a Tribunal d'instance.	DROITS dans les autres villes et cantons ruraux.	OBSERVATIONS.
			Fr. C.	Fr. C.	Fr. C.	Fr. C.	
		CDI.					
929.	94	Vacation pour requérir une apposition de scellés	6 "	5 40	4 50	" "	
		CDII.					Cet acte doit porter le coût. V. l'art. 66 du Tarif, numéro d'ordre, 454.
931	21.	Sommation pour être présent à la levée des scellés	1 50	1 35	1 25	1 25	
		Copie	" 37½	" 33¼	" 31¼	" 31¼	
		CDIII.					
932	1.	*Voyez n.° 387 d'ordre.*					
		CDIV.					
932.	16	*Voyez n.° 388 d'ordre.*					
		CDV.					
931. 932. 933.	94	Vacation à requérir la levée de scellés, et pour chaque vacation de trois heures à la reconnoissance et levée	6 "	5 40	4 50	" "	
		CDVI					
933	2 16.	*Voyez n.ᵒˢ 388 et 391, d'ordre.*					
		CDVII.					
940.	94.	Vacation pour requérir la levée des scellés sans description, à la reconnoissance et levée sans description	6 "	5 40	4 50	" "	
		TITRE III.					
		De l'inventaire.					
	Résultat de l'art.	**ART. CDVIII.**					
943. 914.	94.	Pour chaque vacation de trois heures à l'inventaire	6 "	5 40	4 50	" "	
		Voyez pour le surplus le titre des notaires, n.° 468 d'ordre.					
		TITRE IV.					
		De la vente du mobilier.					
		ART. CDIX.					
946.	77.	Requête pour faire autoriser à la vente du mobilier d'une succession	5 "	2 70	2 25	" "	
		CDX.					
947.	29	Sommation aux parties qui doivent être appelées à la vente des meubles dépendant d'une succession	2 "	1 80	1 50	1 50	Idem.
		Copie	" 50	" 45	" 57½	" 57½	
	Résultat de l'art.	**CDXI.**					
947.	94	Par chaque vacation de trois heures à une vente de meubles	6 "	5 40	4 50	" "	

ARTICLES		NATURE DES ACTES ET NUMÉROS D'ORDRE.	DROITS à Paris, Bordeaux, Rouen et Bruxelles.	DROITS dans les Siéges de Cour d'appel et dans les villes ou la population excède 30,000 ames	DROITS dans les villes où il y a Tribunal d'instance.	DROITS dans les autres villes et cantons ruraux.	OBSERVATIONS.
du CODE.	du TARIF.						
			Fr. C.	Fr. C.	Fr. C.	Fr. C.	
		TITRE V. De la vente des biens immeubles. ART. CDXII.					
954	128.	Les émoluments des avoués pour donner le cahier des charges, en faire le dépôt au greffe, et pour les publications, les extraits à placarder et insérer dans les journaux, les adjudications préparatoires et définitives, seront réglés et taxés comme en saisie immobilière. Voyez n.os d'ordre 279, 280, 287, 290, 291 et 292.					
		CDXIII.					
955. 964.	78	Requête afin d'homologation d'un avis du conseil de famille pour aliéner les immeubles des mineurs, ou pour être autorisé à vendre au-dessous de l'estimation···········	7 50	6 75	5 50	» »	
		CDIV.					
960. 963.	65	Le procès-verbal d'apposition de placards en vente de biens immeubles de mineurs ou dépendants d'une succession bénéficiaire ou vacante, ou abandonnée par un débiteur failli, sera taxé comme en saisie immobilière. Voyez n.o d'ordre 281.					
		TITRE VI. Des partages ou licitations. ART. CDXV.					
967	90	Vacation pour faire viser par le greffier la demande en partage ou licitation····	1 50	1 35	1 15	» »	
		CDXVI.					
972.	70	Acte de signification du cahier des charges en licitation aux avoués des co-licitants··	1 »	» 90	» 75	» »	
		CDXVII.					
972	128	Les émoluments des avoués pour dresser le cahier des charges, en faire le dépôt au greffe, et pour les publications, les extraits à placarder et insérer dans les journaux, les adjudications préparatoires et définitives, seront réglés et taxés comme en saisie immobilière. Voyez n.os d'ordre 279, 280, 287, 290, 291 et 292.					
	129.	La remise proportionnelle sur le prix de l'adjudication, sera divisée en licitation, ainsi qu'il suit : Moitié appartiendra à l'avoué poursuivant.					

H

ARTICLES du CODE.	du TARIF.	NATURE DES ACTES ET NUMÉROS D'ORDRE.	DROITS à Paris, Bordeaux, Rouen et Bruxelles.	DROITS dans les Siéges de Cour d'appel et dans les villes ou la population excède 30,000 ames.	DROITS dans les villes où il y a Tribunal d'instance.	DROITS dans les autres villes et cantons ruraux.	OBSERVATIONS.
			Fr. C.	Fr. C.	Fr. C.	Fr. C.	
		La seconde moitié sera partagée par égales parts entre tous les avoués qui ont occupé dans la licitation, y compris l'avoué poursuivant qui aura sa part comme les autres dans cette seconde moitié.					
		L'art. 972 prescrivant en licitation la signification du cahier des charges par un simple acte aux avoués des co-licitants; cet acte sera taxé comme un acte simple, et la copie du cahier des charges comme celle de requête d'avoué à avoué.					
		Dans tous les cahiers des charges il est expressément défendu d'y stipuler d'autant et plus grands droits au profit des avoués, que ceux énoncés au présent tarif, et s'il y est inséré quelque clause pour les exhausser, elle sera réputée non écrite.					
		Voyez pour les droits de remise, n.° 290 d'ordre.					
		CDXVIII.					
972	75.	Requête de conclusions motivées, contenant demande en entérinement du rapport des experts et la réponse, par rôle	2 »	1 80	1 50	» »	
		Copie	» 50	» 45	» 37 ½	» »	
		CDXIX.					Cet acte doit porter le coût V. art. 66 du Tarif, numéro d'ordre 454
976	29.	Sommation aux co-partageants de paroître devant le juge-commissaire	2 »	1 80	1 50	1 50	
		Copie	» 50	» 45	» 37 ½	» 37 ½	
		CDXX.					
976	70.	Sommation aux avoués des co-partageants de se trouver, soit devant le juge-commissaire, soit devant le notaire, pour procéder aux opérations du partage	1 »	» 90	» 75	» »	
		Copie	» 25	» 22	» 18 ¼	» »	
		CDXXI.					
976	76.	Requête au juge-commissaire, à l'effet d'obtenir son ordonnance pour citer les autres parties à comparoître par-devant lui	2 »	1 80	1 50	» »	
		CDXXII.					
976 982	92.	Vacation au partage, soit devant le juge-commissaire, soit devant le notaire commis par lui, par trois heures	6 »	5 40	4 50	» »	
		CDXXIII.					
977	92.	Les vacations devant le notaire n'entreront point en frais de partage; elles ne pourront être répétées que contre la partie qui aura requis l'assistance de l'avoué.					

ARTICLES. du CODE.	du TARIF.	NATURE DES ACTES ET NUMÉROS D'ORDRE.	DROITS à Paris, Bordeaux, Rouen et Bruxelles.	DROITS dans les Siéges de Cour d'appel et dans les villes ou la population excède 30,000 ames	DROITS dans les villes où il y a Tribunal d'instance.	DROITS dans les autres villes et cantons ruraux.	OBSERVATIONS.
			Fr. C.	Fr. C.	Fr. C.	Fr. C.	
980·	29·	**CDXXIV.** Sommation aux parties pour assister à la clôture de procès-verbal de partage chez le notaire········· Copie····················	2 » » 50	1 80 » 45	1 50 » 37½	1 50 » 37½	Cet acte doit porter le coût. V. l'art. 66 du Tarif, numéro d'ordre, 454.
		TITRE VII. *Du bénéfice d'inventaire.* **ART. CDXXV.**					
986	77·	Requête afin d'être autorisé, sans attribution de qualités, à faire procéder à la vente d'effets mobiliers dépendants d'une succession····················	3 »	2 70	2 25	» »	
987·	78	**CDXXVI.** Requête de l'héritier bénéficiaire, à l'effet d'être autorisé à vendre les immeubles dépendants d'une succession bénéficiaire····	7 50	6 75	5 50	» »	
988	78	**CDXXVII.** Requête pour demander l'entérinement du rapport d'experts qui ont fait l'estimation des immeubles dépendants d'une succession bénéficiaire··········· *Idem* d'une succession vacante.	7 50	6 75	5 50	» »	
988·	128	**CDXXVIII.** Les émoluments des avoués pour dresser le cahier des charges, en faire le dépôt au greffe, et pour les publications, les extraits à placarder et insérer dans les journaux, les adjudications préparatoires et définitives, seront réglés et taxés comme en saisie immobilière. Voyez n.os d'ordre 279, 280, 287, 290, 291 et 292.					
992	29·	**CDXXIX.** Sommation à la requête d'un créancier à l'héritier bénéficiaire de donner caution· Copie····················	2 » » 50	1 80 » 45	1 50 » 5 7½	1 50 » 37½	Idem.
996·	77·	**CDXXX.** Requête pour faire nommer un curateur au bénéfice d'inventaire···········	3 »	2 70	2 25	» »	
		TITRE VIII. *De la renonciation à la communauté ou à la succession.* **ART. CDXXXI.**					
997	91·	Vacation pour assister au greffe la femme					

H *

ARTICLES.		NATURE DES ACTES ET NUMÉROS D'ORDRE.	DROITS à Paris, Bordeaux, Rouen et Bruxelles.	DROITS dans les Siéges de Cour d'appel et dans les villes où la population excède 30,000 ames	DROITS dans les villes où il y a Tribunal d'instance	DROITS dans les autres villes et cantons ruraux.	OBSERVATIONS.
du CODE.	du TARIF.		Fr. C.	Fr. C.	Fr. C.	Fr. C.	
		qui renonce à la communauté après décès, ou l'héritier qui renonce à la succession ou qui ne l'accepte que sous bénéfice d'inventaire	3 "	2 70	2 25	" "	
		TITRE IX. *Du curateur à succession vacante.* ART. CDXXXII.					
998.	77.	Requête pour faire nommer un curateur à une succession vacante	3 "	2 70	2 25	" "	
1001.	128.	CDXXXIII. *Voyez* n.ᵒˢ d'ordre 427 et 428.					
		LIVRE III. **TITRE UNIQUE.** *Des arbitrages.* ART. CDXXXIV.					
1017.	77.	Requête à l'effet de faire nommer un tiers-arbitre	3 "	2 70	2 25	" "	
1018.	29.	CDXXXV. Sommation aux arbitres de se réunir au tiers-arbitre pour vider le partage	2 "	1 80	1 50	1 50	Cet acte doit porter le coût V. art. 66 du Tarif, numéro d'ordre, 454.
		Copie	" 50	" 45	" 57½	" 57½	
1020.	91.	CDXXXVI. Requête pour demander l'ordonnance d'*exequatur* d'une sentence arbitrale	3 "	2 70	2 25	" "	
		Dispositions générales. CDXXXVII.					
1039.	19	Il n'est rien alloué au greffier du juge de paix, pour les oppositions formées par le ministère des huissiers et visées par lui.					
		DROITS PARTICULIERS ATTRIBUÉS AUX AVOUÉS. *Consultation.* ART. CDXXXVIII.					
59 61. 75 etc.	68	Pour la consultation sur toute demande principale, intervention, tierce-opposition et requête civile, tant en demandant qu'en défendant, sans qu'il puisse être passé plus d'un droit par chaque avoué et par cause, et sans que l'intervention d'un appelé en garantie puisse y donner lieu; le droit ne pourra être exigé qu'autant qu'il aura été					

ARTICLES du CODE	du TARIF	NATURE DES ACTES ET NUMÉROS D'ORDRE.	DROITS à Paris, Bordeaux, Rouen et Bruxelles.	DROITS dans les Siéges de Cour d'appel et dans les villes où la population excède 30,000 âmes	DROITS dans les villes où il y a Tribunal d'instance	DROITS dans les autres villes et cantons ruraux.	OBSERVATIONS.
			Fr. C.	Fr. C.	Fr. C.	Fr. C	
~		obtenu un jugement par défaut contre partie, ou qu'il y aura une constitution d'avoué, et y compris la procuration sous signature privée, ou par-devant notaire, indépendamment des déboursés · · · · · · · · · ·	10 »	9 »	7 50	» »	
		CDXXXIX.					
		Plaidoiries et assistances aux jugements.					
76·	80·	Honoraires de l'avocat qui aura plaidé la cause contradictoirement · · · · · · · · · ·	15 »	13 50	10 »	» »	
		CDXL.					
149·	82·	Assistance et plaidoiries aux jugements par défaut · · · · ·	3 »	2 70	2 45	» »	
		Pour honoraire de l'avocat qui aura pris le jugement par défaut· · · · · · · · · · · · ·	5 »	4 50	4 »	» »	
		Quand le jugement par défaut aura été pris par un avocat, le droit d'assistance de l'avoué ne sera que de · · · · · · · · · · ·	1 »	» 90	» 75	» »	
		CDXLI.					
87	83·	Pour assistance de chaque avoué à tous jugements portant remise de cause ou indication de jour, sans que les jugements puissent être levés· · · · · · · · · · · · · · · ·	3 »	2 70	2 25	» »	
		CDXLII.					
93 et 95·	84·	Pour assistance et observations des avoués aux jugements qui ordonnent une instruction par écrit.· · · · · · · · · · · · ·	5 »	4 50	4 »	» »	
		CDXLIII.					
113	85	Pour assistance aux jugements sur délibéré ou instruction par écrit, y compris les notes qu'ils pourront fournir· · · · · · ·	5 »	4 50	4 »	» »	
		CDXLIV.					
116·	86	Pour assistance des avoués à chaque journée de plaidoiries qui précèdent les jugements interlocutoires et définitifs; contradictoires quand les causes seront plaidées par les parties elles-mêmes ou par des avocats.· ·	3 »	2 70	2 25	» »	
		Et quand les avoués plaideront eux-mêmes ·	10 »	9 »	6 »	» »	
		CDXLV.					
		Journées de campagne.					
	144·	Il sera taxé aux avoués pour chaque journée de campagne, à raison de cinq myriamètres pour un jour, lorsque leur présense sera autorisée par la loi ou requise					

ARTICLES du CODE.	du TARIF.	NATURE DES ACTES ET NUMÉROS D'ORDRE.	DROITS à Paris, Bordeaux, Rouen et Bruxelles	DROITS dans les Siéges de Cour d'appel et dans les villes ou la population excéde 30,000 ames	DROITS dans les villes où il y a Tribunal d'instance.	DROITS dans les autres villes et cantons ruraux.	OBSERVATIONS.
			Fr. C.	Fr. C.	Fr. C.	Fr. C.	
		par les parties, y compris leurs frais de transport et de nourriture···· ········	3o »	27 »	22 50	» »	
		CDXLVI.					
		Correspondances.					
	145	Quand les parties seront domiciliées hors de l'arrondissement du tribunal, il sera passé à leurs avoués, pour frais de port de pièces et de correspondance, par chaque jugement définitif ················	10 »	9 »	7 50	» »	
		Et par chaque interlocutoire········	5 »	4 5o	3 75	» »	
		CDXLVII.					
	146·	Lorsque les parties feront un voyage et qu'elles se seront présentées au greffe, assistées de leur avoué, pour y affirmer que le voyage a été fait dans la seule vue du procès, il leur sera alloué, quels que soit leur état et profession, pour frais de voyage, séjour et retour, 3 francs par chaque myriamètre de distance entre leur domicile et le tribunal où le procès sera pendant ··	3 »	3 »	3 »	» »	
		Et à l'avoué, pour vacation au greffe··	1 5o	1 35	1 15	» »	
		Il ne sera passé en taxe qu'un seul voyage en instance et en appel; la taxe pour la partie sera la même en l'un et l'autre cas.					
		Cependant, si la comparution d'une partie avoit été ordonnée par un jugement, et qu'en définitif les dépens lui fussent adjugés, il lui sera passé pour cet objet une taxe égale à celle d'un témoin.					
		CDXLVIII.					
	151·	Tous les avoués seront tenus d'avoir un registre qui sera coté et paraphé par le président du tribunal auquel ils seront attachés, ou par un des juges du siége, qui sera par lui commis, sur lequel registre ils inscriront eux-mêmes, par ordre de date et sans aucun blanc, toutes les sommes qu'ils recevront de leurs parties.					
		Ils représenteront ce registre toutes les fois qu'ils en seront requis et qu'ils formeront des demandes en condamnation de frais; et faute de représentation ou de tenue régulière, ils seront déclarés non recevables dans leurs demandes.					
		Le tarif ne comprend que les émoluments nets des avoués et autres officiers; les déboursés seront payés en outre.					
		Les officiers ne pourront exercer de plus forts droits que ceux énoncés au présent					

ARTICLES. du CODE. du TARIF.	NATURE DES ACTES ET NUMÉROS D'ORDRE.	DROITS à Paris, Bordeaux, Rouen et Bruxelles.	DROITS dans les Siéges de Cour d'appel et dans les villes où la population excède 30,000 ames	DROITS dans les villes où il y a Tribunal d'instance.	DROITS dans les autres villes et cantons ruraux.	OBSERVATIONS.
		Fr. C.	Fr. C.	Fr. C.	Fr. C.	

tarif, à peine de restitution, dommages et intérêts, et d'interdiction s'il y a lieu.

Il ne sera passé aux juges de paix, aux experts, aux avoués, aux notaires et à tous officiers ministériels, que trois vacations par jour quand ils opéreront dans le lieu de leur résidence : deux par matinée, et une seule pour l'après-diner.

CDXLIX.

Taxe des frais.

Il ne sera rien alloué aux avoués pour l'état des dépens adjugés en matière sommaire, qu'il doive remettre au greffier, à l'effet d'en faire insérer la liquidation dans l'arrêt ou le jugement.

Par chaque article entrant en taxe des dépens adjugés en matière ordinaire, il sera alloué . . . . `» 10` `» 10` `» 10` `» »`

Au moyen de cette taxe, il ne sera alloué aucune vacation à l'effet de remettre et retirer les pièces justificatives.

NOTA. Il ne pourra être fait qu'un article par chaque pièce de la procédure, tant pour l'avoir dressé que pour l'original, copie et signification, et tous les droits qui en résultent.

Chaque article sera divisé en deux parties ; la première comprendra les déboursés, y compris le salaire des huissiers ; et la seconde l'émolument net de l'avoué. En conséquence, les états seront formés sur deux colonnes : l'une des déboursés, l'autre des émoluments.

Pour la sommation à l'avoué qui a obtenu la condamnation de dépens, de lever le jugement . . . . `1 »` `» 90` `» 75` `» »`

Copie . . . . `» 25` `» 22½` `» 18¼` `» »`

Pour l'original de l'acte contenant opposition, soit à un exécutoire des dépens, soit au chef de jugement qui les a liquidés, avec sommation de comparoître à la chambre du conseil, pour être statué sur la dernière opposition . . . . `1 »` `» 90` `» 75` `» »`

Copie . . . . `» 25` `» 22½` `» 18¼` `» »`

Assistance et plaidoirie à la chambre du conseil . . . . `7 50` `6 75` `5 65` `» »`

Pour les qualités et signification du jugement qui interviendra, à avoué, s'il n'y a qu'une partie, le tout ensemble . . . . . . `5 »` `4 50` `4 »` `» »`

S'il y a plusieurs avoués, pour chaque autre copie . . . . `1 »` `» 90` `» 75` `» »`

Il ne sera passé aucun autre droit pour la taxe des frais.

ARTICLES		NATURE DES ACTES ET NUMÉROS D'ORDRE.	DROITS à Paris, Bordeaux, Rouen et Bruxelles.	DROITS dans les Siéges de Cour d'appel et dans les villes ou la population excède 30,000 ames	DROITS dans les villes où il y a Tribunal d'instance.	DROITS dans les autres villes et cantons ruraux.	OBSERVATIONS.
du CODE.	du TARIF.		Fr. C.	Fr. C.	Fr. C.	Fr. C.	
		CDL.					
		Voyage des huissiers de justice de paix.					
	25.	Pour transport, qui ne pourra être alloué qu'autant qu'il y aura plus d'un demi-myriamètre (une lieue ancienne) de distance entre la demeure de l'huissier et le lieu où l'exploit devra être passé ; par myriamètre, aller et retour····················	2 "	2 "	2 "	2 "	
		Il ne sera rien alloué aux huissiers des juges de paix pour *visa* par le greffier de la justice de paix, ou par les maires ou adjoints des communes du canton, dans les différents cas prévus par le code de procédure.					
		CDLI.					Cet acte doit porter le coût. V. art. 66 du Tarif, numéro d'ordre, 454.
	29.	Pour tout exploit contenant sommation de faire une chose ou opposition à ce qu'une chose soit faite, protestation de nullité, et généralement de tous actes simples du ministère des huissiers, non compris au tarif··	2 "	1 80	1 50	1 50	
		Copie. ····················	" 50	" 45	" 37½	" 57½	
		CDLII.					
		Protêts.					
	65.	Pour chaque original de protêt, intervention à protêt et sommation d'intervenir, assistants et copie compris·······	2 "	1 80	1 50	1 50	
		Pour l'original d'un protêt avec perquisition, assistants et copie compris······	5 "	4 50	4 "	4 "	Idem.
		CDLIII.					
		Voyages d'huissiers ordinaires.					
62.	66.	Il ne sera rien alloué aux huissiers pour transport jusqu'à un demi-myriamètre.					
		Il leur sera alloué, au-delà d'un demi-myriamètre, pour frais de voyage qui ne pourra excéder une journée de cinq myriamètres (dix lieues anciennes), savoir : au-delà d'un demi-myriamètre et jusqu'à un myriamètre, pour aller et retour····	4 "	4 "	4 "	4 "	
		Au-delà d'un myriamètre, il sera alloué par chaque demi-myriamètre, sans distinction····················	2 "	2 "	2 "	2 "	
		CDLIV.					
		Visa.					
	66.	Il sera taxé pour *visa* de chacun des actes qui y sont assujettis················	1 "	" 90	" 75	" 75	

ARTICLES du CODE.	du TARIF.	NATURE DES ACTES ET NUMÉROS D'ORDRE.	DROITS à Paris, Bordeaux, Rouen et Bruxelles.	DROITS dans les Siéges de Cour d'appel et dans les villes où la population excède 30,000 ames.	DROITS dans les villes où il y a Tribunal d'instance.	DROITS dans les autres villes et cantons ruraux.	OBSERVATIONS.
			Fr. C.	Fr. C.	F. C.	Fr. C.	
		En cas de refus de la part du fonctionnaire public qui doit donner le visa, et dans le cas où l'huissier sera obligé, à raison de ce refus, de requérir le visa du procureur impérial, le droit sera double. Les huissiers qui seront commis pour donner des ajournements, faire des significations de jugement et tous autres actes, ou procéder à des opérations, ne pourront prendre de plus forts droits que ceux énoncés au présent tarif, à peine de restitution et d'interdiction, quelle que soit la cour ou le tribunal auquel ils soient attachés. Les huissiers qui auront omis de mettre au bas de l'original et de chaque copie des actes de leur ministère, la mention du coût d'icelui, pourront, indépendamment de l'amende portée par l'article 67 du code de procédure, être interdits de leurs fonctions sur la réquisition d'office des procureurs généraux et impériaux.					
	26	**CDLV.** *Frais de garde en justice de paix.* Les frais de garde seront taxés par chaque jour. Pendant les douze premiers jours··· Ensuite, seulement à raison de·····	2 50 1 »	2 25 » 90	2 » » 80	1 50 » 60	
628	45.	**CDLVI.** *Frais de garde en justice ordinaire.* Il sera alloué pour frais de garde, soit au garde champêtre, soit à tout autre gardien qui pourroit être établi aux termes de l'article 628, pour chaque jour········ Et à tout autre que le garde champêtre·	» 75 1 25	» 75 1 25	» 75 1 25	» 75 1 25	
267	167	**CDLVII.** *Taxe des témoins.* Il sera taxé au témoin, à raison de son état et de sa profession, une journée pour sa déposition, et s'il n'a pas été entendu le premier jour pour lequel il aura été cité, dans le cas prévu par l'article 267, il lui sera passé deux journées, indépendamment des frais de voyage si le témoin est domicilié à plus de deux myriamètres du lieu où se fait l'enquête. Le *maximum* de la taxe du témoin sera de 10 fr., et le *minimum* de 8 fr. Les frais de voyage seront fixés à 3 fr. par myriamètre, pour l'aller et le retour.					

I

ARTICLES du CODE.	du TARIF.	NATURE DES ACTES ET NUMÉROS D'ORDRE	DROITS à Paris, Bordeaux, Rouen et Bruxelles	DROITS dans les Siéges de Cour d'appel et dans les villes ou la population excède 30,000 a̅re.	DROITS dans les villes où il y a Tribunal d'instance	DROITS dans les autres villes et cantons ruraux.	OBSERVATIONS.
			Fr. C.	Fr. C.	Fr. C.	Fr. C.	
		CDLVIII. *Huissiers audienciers de première instance.*					
152		Pour chaque appel de cause sur le rôle et lors des jugements par défaut, interlocutoires et définitifs, sans qu'il soit alloué aucuns droits pour les jugements préparatoires et de simple remise · · · · · · · · · · ·	» 30	» 27	» 25	» »	
		CDLIX.					
153		Par chaque publication de cahier de charges, dans toute espèce de vente · · · · · ·	1 »	» 90	» 75	» »	
		CDLX.					
154		Pour la même publication, lors de l'adjudication préparatoire · · · · · · · · · · · · · · ·	3 »	2 70	2 25	» »	
		CDLXI					
155		Pour la publication, lors de l'adjudication définitive, y compris les frais de bougie que les huissiers disposeront et allumeront eux-mêmes · · · · · · · · · · · · · · · · · ·	5 »	4 50	3 75	» »	
		CDLXII.					
156		Pour signification de toute espèce, d'avoué à avoué, sans aucune distinction à l'ordinaire · Pour signification extraordinaire, c'est-à-dire à une autre heure que celle où se font les significations ordinaires, suivant l'usage du tribunal · · · · · · · · · · · · · · · · · · NOTA. Ces significations doivent être faites à heure datée, et à défaut de date elles ne seront taxées que comme significations ordinaires; elles ne sont passées en taxe, comme extraordinaires, qu'à Paris seulement. Les huissiers audienciers, quoi qu'ils soient commis pour faire des significations ou autres opérations, ne pourront exiger autres ou plus forts droits que les huissiers ordinaires, et ils seront obligés de se conformer à toutes les dispositions du code comme tous les autres huissiers; mais les frais de transport des huissiers de la cour d'appel commis par elle, seront, dans ce cas, alloués suivant la taxe, quelle que soit la distance.	» 30 1 »	» 27 » »	» 25 » »	» » » »	
		CDLXIII. *Huissiers de la cour d'appel de Paris.*					
157		Pour l'appel des causes sur le rôle ou lors des arrêts par défaut, interlocutoires ou définitifs, à la charge d'envoyer des bulletins aux avoués pour toutes les remises de causes qui seront ordonnées · · · · · · · · · · · · · · · · Il ne sera passé aucuns droits d'appel pour les simples remises de causes et les jugements préparatoires.	1 25	1 12½	» »	» »	

ARTICLES du CODE.	du TARIF.	NATURE DES ACTES ET NUMÉROS D'ORDRE.	DROIT à Paris, Bordeaux, Rouen et Bruxelles.	DROITS dans les Siéges de Cour d'appel et dans les ville où la population excède 30,000 ames.	DROITS dans les villes où il y a Tribunal d'instance.	DROITS dans les autres villes et cantons ruraux.	OBSERVATIONS.
			Fr. C.	Fr. C.	Fr. C.	Fr. C.	
	158	**CDLXIV.** Pour signification de toute espèce, d'avoué à avoué, sans aucune distinction, à l'ordinaire ·	» 75	» 67½	» »	» »	
		A l'extraordinaire ou à heure datée···	1 50	» »	» »	» »	
		CDLXV. *Des copies de pièces.*					
65·	22 28	Copies des pièces qui peuvent être notifiées avec les actes compris sous les articles 21, 27, 29, 30, 31, 35, 36, 37, 59, 41, 43, 46, 47, 50, 51, 52, 53, 57, 59, 60, 62, 63, 64 et 65 du tarif · · · · · · · · · · ·	» 25	» 22½	» 20	» 20	
		CDLXVI.					
77	72	Pour copie de tous actes à signifier dans la procédure. Voyez pour les droits, n.° d'ordre 30.					
		CDLXVII.					
156 157·	89	Pour copie de tout jugement. Voyez pour les droits, n.° d'ordre 62.					
		Des notaires.					
		CDLXVIII.					
		Pour chaque vacation de trois heures :					
849 C. d. P.		1.° Aux compulsoires faits en leurs études.					
852 id.		2.° Devant le juge, en cas que le transport ait été requis.					
151 152 153 154 C. N.		3.° A tous actes respectueux et formels pour demander le conseil du père et de la mère, ou celui des aïeuls ou aïeules, à l'effet de contracter mariage.					
279· id.	168·	4.° Aux inventaires contenant estimation des biens, meubles et immeubles des époux qui veulent demander le divorce par consentement mutuel.					
281 284 285 C. N.		5.° Aux procès-verbaux qu'ils doivent dresser de tout ce qui aura été dit et fait devant le juge, en cas de demande en divorce par consentement mutuel.					
941 C. d. P.		6.° Aux inventaires après décès.					
944 id.		7.° En référé devant le président du tribunal, s'il s'élève des difficultés ou s'il est formé des réquisitions pour l'administration de la communauté ou de la succession, ou pour tous autres objets.					

1 *

ARTICLES du CODE.	du TARIF.	NATURE DES ACTES ET NUMÉROS D'ORDRE.	DROITS à Paris, Bordeaux, Rouen et Bruxelles.	DROITS dans les Siéges de Cour d'appel et dans les villes où la population excède 30,000 ames	DROITS dans les villes où il y a Tribunal d'instance.	DROITS dans les autres villes et cantons ruraux.	OBSERVATIONS.
			Fr. C.	Fr. C.	Fr. C.	Fr. C.	
977. 978. C.d.P 977 id.	168.	8.º A tous les procès-verbaux qu'ils dresseront en tous autres cas, et dans lesquels ils seront tenus de constater le temps qu'ils y auront employé. 9.º Au greffe, pour y déposer la minute du procès-verbal des difficultés élevées dans les partages, contenant les dires des parties............................	9 »	8 10	6 »	4 »	
	169	**DCLXIX.** Dans tous les cas où il est alloué des vacations aux notaires, il ne leur sera rien passé pour les minutes de leurs procès-verbaux.					
	170.	**CDLXX.** Quand les notaires seront obligés de se transporter à plus d'un myriamètre de leur résidence, indépendamment de leur journée il leur sera alloué pour leurs frais de voyage et nourriture, par chaque myriamètre, un cinquième de leur vacation, et autant pour le retour. Et par journée qui sera comptée à raison de cinq myriamètres, aussi pour l'aller et le retour, quatre vacations.					
	171.	**CDLXXI.** Il sera passé aux notaires, pour la formation des comptes que les co-partageants peuvent se devoir de la masse générale de succession, des lots et des fournissements à faire à chacun des co-partageants, une somme correspondante au nombre des vacations que le juge arbitrera avoir été employées à la confection de l'opération.					
	172	**CDLXXII.** Les remises accordées aux avoués sur le prix des ventes d'immeubles, seront allouées aux notaires, dans les cas où les tribunaux renverront des ventes d'immeubles par-devant eux, mais sans distinction de celles dont le prix n'excédera pas 2000 fr. ; et au moyen de cette remise, ils ne pourront rien exiger pour la minute de leurs procès-verbaux de publication et d'adjudication.					
	173	**CDLXXIII.** Tous les autres actes du ministère des notaires, notamment les partages et ventes volontaires qui auront lieu par-devant eux, seront taxés par le président du tribunal de					

ARTICLES du CODE.	ARTICLES du TARIF.	NATURE DES ACTES ET NUMÉROS D'ORDRE.	DROITS à Paris, Bordeaux, Rouen et Bruxelles.	DROITS dans les Siéges de Cour d'appel et dans les villes où la population excède 3 0,0 0 0 ames	DROITS dans les villes où il y a Tribunal d'instance.	DROITS dans les autres villes et cantons ruraux	OBSERVATIONS.
			Fr. C.	Fr. C.	Fr. C.	Fr. C.	
		première instance de leur arrondissement, suivant leur nature et les difficultés que leur rédaction aura présentées, et sur les renseignements qui lui seront fournis par les notaires et les parties.					
		CDLXXIV.					
	174.	Les expéditions de tous les actes reçus par les notaires, y compris celles des inventaires et de tous procès-verbaux, contiendront vingt-cinq lignes à la page et quinze syllabes à la ligne, et leur seront payées, par chaque rôle·················	3 »	2 70	2 »	1 50	
		CDLXXV.					
501. C. N.	175.	Les notaires seront tenus de prendre à leur chambre de discipline et de faire afficher dans leurs études l'extrait des jugements qui auront prononcé des interdictions contre des particuliers, ou qui leur auront nommé des conseils, sans qu'il soit besoin de leur signifier les jugements.					

CODE
NAPOLÉON.

CDLXXVI.

Des actes de mariage.

ARTICLES du CODE.	ARTICLES du TARIF.	NATURE	DROITS à Paris.	DROITS Siéges.	DROITS Tribunal.	DROITS ruraux.	
70. 71.	5.	Pour l'acte de notoriété, sur la déclaration de sept témoins, pour constater, autant que possible, l'époque de la naissance d'un individu de l'un ou l'autre sexe qui se propose de contracter mariage, et les causes qui empêchent de représenter son acte de naissance·················	5 »	4 50	3 75	2 50	
		Et pour la délivrance de tout autre acte de notoriété qui doit être donné par le juge de paix····················	1 »	» 90	» 75	» 50	
		CDLXXVII.					
70. 71.	10.	Au greffier, pour l'acte de notoriété sur la déclaration de sept témoins, comme il est dit ci-dessus····················	3 33⅓	3 »	2 50	1 66.	

ARTICLES. du CODE.	ARTICLES. du TARIF.	NATURE DES ACTES ET NUMÉROS D'ORDRE.	DROITS à Paris, Bordeaux, Rouen et Bruxelles.	DROITS dans les Siéges de Cour d'appel, et dans les villes ou la population excède 30,000 âmes.	DROITS dans les villes où il y a Tribunal d'instance.	DROITS dans les autres villes et cantons ruraux.	OBSERVATIONS.
			Fr. C.	Fr. C.	Fr. C.	Fr. C.	
		Et pour la délivrance de tous autres actes de notoriété · · · · · · · · · · · · · · · · · · ·	» 66⅔	» 60	» 50	» 55⅐	
70· 71·	78·	CDLXXVIII. Requête pour demander l'homologation d'un acte de notoriété délivré par le juge de paix sur la déposition de sept témoins, pour suppléer à un acte de naissance · · · · ·	7 50	6 75	5 50	» »	
176	29·	CDLXXIX. *Oppositions à mariage.* Acte d'opposition au mariage · · · · · · · · Copie ·	2 » » 50	1 80 » 45	1 50 » 37½	1 50 » 37½	Cet acte doit porter le coût. *V.* art. 66 du Tarif, numéro d'ordre, 454.
115·	77·	CDLXXX. *Présomption d'absence.* *Voyez* n.° d'ordre, 400.					
116·	78·	CDLXXXI. *Déclaration d'absence.* Requête pour avoir permission de faire enquête pour constater l'absence · · · · · ·	7 50	6 75	5 50	» »	
236	79·	CDLXXXII. *Divorce.* Requête de l'époux qui se pourvoit en divorce pour cause déterminée · · · · · · · ·	15 »	13 50	12 »	» »	
240·	91·	CDLXXXIII. Vacation pour prendre l'ordonnance du tribunal, qui permet de citer l'époux défendeur en divorce · · · · · · · · · · · · · · ·	3 »	2 70	2 25	» »	
241·	29·	CLDXXXIV. Exploit de demande en divorce pour cause déterminée · · · · · · · · · · · · · · · · · Copie ·	2 » » 50	1 80 » 45	1 50 » 37½	1 50 » 37½	Idem.
242· 243·	92·	CDLXXXV. Vacation pour assister à huis clos les époux dans le cas de demande en divorce, représenter les pièces, faire les observations et indiquer les témoins · · · · · · · · · · · · · ·	6 »	5 40	4 50	» »	
406·	4	CDLXXXVI. *De la tutelle déférée par le conseil de famille.* Pour l'assistance du juge de paix à tout conseil de famille · · · · · · · · · · · · · · · · ·	5 »	4 50	3 75	3 50	
406·	16	CDLXXXVII. Au greffier du juge de paix, pour assistance aux conseils de famille · · · · · · · · ·	3 55⅐	3 »	2 50	1 6⅐	

ARTICLES		NATURE DES ACTES ET NUMÉROS D'ORDRE.	DROITS à Paris, Bordeaux, Rouen et Bruxelles.	DROITS dans les Siéges de Cour d'appel et dans les villes où la population excede 30,000 ame:	DROITS dans les villes où il y a Tribunal d'instance.	DROITS dans les autres villes et cantons ruraux.	OBSERVATIONS.
du CODE.	du TARIF		Fr. C.	Fr. C.	Fr. C.	Fr. C.	
		CDLXXXVIII.					
406	21	Citation aux membres qui doivent composer ce conseil····················	1 50	1 35	1 25	1 25	
		Copie····················	» 37½	» 33¾	» 31¼	» 31¼	
		CDLXXXIX.					
406·	22	Copie des pièces à donner avec l'exploit ci-dessus····················	» 25	» 22½	» 20	» 20	
		CDXC.					
		De l'administration du tuteur.					
467·	76	Requête au procureur impérial pour faire désigner trois jurisconsultes, sur l'avis desquels le tuteur du mineur ne pourra transiger····················	2 »	1 80	1 50	» »	
		CDXCI.					
467·	78	*Voyez* n.° d'ordre, 379.					
		CDXCII.					
		De l'interdiction.					
501·	92·	Vacation pour faire l'extrait du jugement qui prononcera une interdiction ou une nomination de conseil, le faire insérer dans le tableau de l'auditoire et des études des notaires de l'arrondissement, et dans un journal, le tout ensemble·········	6 »	5 40	4 50	» »	
		Le jugement d'interdiction ou de nomination de conseil ne sera point signifié aux notaires de l'arrondissement, l'extrait en sera remis au secrétaire de la chambre qui en donnera récépissé et qui le communiquera à ses collègues qui seront tenus d'en prendre note et de l'afficher dans leurs études.					
		CDXCIII.					
		Du bénéfice d'inventaire.					
793· 794·	91·	*Voyez* n.° d'ordre, 431.					
		CDXCIV.					
		Du legs universel.					
1008	78	Requête pour demander l'envoi en possession d'un legs universel··········	7 50	6 75	5 50	» »	
		CDXCV.					
		Des offres de payement et de la consignation.					
1259·	29·	Sommation d'être présent à la consignation de la somme offerte···········	2 »	1 80	1 50	1 50	Cet acte doit porter le coût. *V.* l'art. 66 du Tarif, numéro d'ordre, 454.
		Copie ····················	» 50	» 45	» 37½	» 37½	

ARTICLES du CODE.	du TARIF.	NATURE DES ACTES ET NUMÉROS D'ORDRE.	DROITS à Paris, Bordeaux, Rouen et Bruxelles.	DROITS dans les Siéges de Cour d'appel et dans les villes où la population excède 5,000 ames.	DROITS dans les villes où il y a Tribunal d'instance	DROITS dans les autres villes et cantons ruraux.	OBSERVATIONS.
			Fr. C.	Fr. C.	Fr. C.	Fr. C.	
1259.	29.	**CDXCVI.** Dénonciation du procès-verbal de dépôt de la chose ou de la somme consignée au créancier qui n'étoit pas présent à la consignation................................	2 "	1 80	1 50	1 50	Cet acte doit porter le coût V. l'art. 66 du Tarif, numéro d'ordre, 454.
		Copie..........................	" 50	" 45	" 37½	" 37½	
1259.	60	**CDXCVII.** Procès-verbal de consignation de la chose ou de la somme offerte.............	5 "	4 50	4 "	4 "	
		Copie......................	1 25	1 12½	1 "	1 "	Idem.
1264.	29	**CDXCVIII.** Sommation aux créanciers d'enlever le corps certain qui doit être livré au lieu où il se trouve........................	2 "	1 80	1 50	1 50	
		Copie..........................	" 50	" 45	" 37½	" 37½	Idem.
2016.	29.	**CDXLIX.** *De la nature et de l'étendue du cautionnement.* Dénonciation à la caution des poursuites faites contre le débiteur principal......	2 "	1 80	1 50	1 50	
		Copie..........................	" 50	" 45	" 37½	" 37½	Idem.
2123.	Résultat de l'art. 91.	**D.** *Des hypothèques judiciaires.* Requête pour faire déclarer exécutoire un jugement rendu en pays étranger........	3 "	2 70	2 25	" "	
2169.	Résultat de l'art. 29.	**DI.** *De l'effet des priviléges et hypothèques contre les tiers détenteurs.* Sommation aux tiers détenteurs de payer la dette ou de délaisser l'héritage.......	2 "	1 80	1 50	1 50	
		Copie............................	" 50	" 45	" 37½	" 37½	Idem.
2174.	Résultat de l'art. 92.	**DII.** Vacation pour faire au greffe l'acte de délaissement par hypothèque..........	6 "	5 40	4 50	" "	
2174.	Résultat de l'art. 78.	**DIII.** Requête pour faire nommer un curateur à l'immeuble délaissé..............	7 50	6 75	5 50	" "	
2183.	29.	**DIV.** *Du mode de purger les propriétés des priviléges et hypothèques.* Notification aux créanciers inscrits, de l'extrait du titre du nouveau propriétaire, de la transcription et du tableau, prescrit par l'article 2183...................	2 "	1 80	1 50	1 50	Idem.

ARTICLES		NATURE DES ACTES ET NUMÉROS D'ORDRE.	DROITS à Paris, Bordeaux, Rouen et Bruxelles.	DROITS dans les Siéges de Cour d'appel et dans les villes où la population excède 30,000 ames	DROITS dans les villes où il y a Tribunal d'instance.	DROITS dans les autres villes et cantons ruraux.	OBSERVATIONS.
du CODE.	du TARIF.						
			Fr. C.	Fr. C.	Fr. C.	Fr. C.	
		Copie	» 50	» 45	» 37 $\frac{1}{2}$	» 37 $\frac{1}{2}$	
		DV.					
2183	143.	Composition de l'extrait de l'acte de vente ou donation, qui doit être dénoncé aux créanciers inscrits par l'acquéreur ou donataire	15 »	13 50	11 75	» »	
		Et en outre, pour chaque inscription extraite	1 »	» 90	» 75	» »	
		Les copies de cet extrait et des inscriptions seront taxées comme les copies de pièces. Voyez n.° d'ordre 26.					
		DVI.					
2285	63	*Voyez* n.° d'ordre 346 et 350					Cet acte doit porter le coût. *V.* l'art. 66 du Tarif, numéro d'ordre, 454.
		DVII.					
2190.	Résultat de l'art. 29	Acte en désistement du créancier requérant la mise aux enchères	2 »	1 80	1 50	1 50	
		Copie	» 50	» 45	» 37 $\frac{1}{2}$	» 37 $\frac{1}{2}$	
		DVIII.					
	Résultat de l'art. 29.	*Du mode de purger les hypothèques quand il n'existe pas d'inscription sur les biens des maris et des tuteurs.*					
2194		Acte de signification de dépôt du contrat au greffe	2 »	1 80	1 50	1 50	
		Copie	» 50	» 45	» 37 $\frac{1}{2}$	» 37 $\frac{1}{2}$	Idem.
		DIX.					
2194.	Résultat de l'art. 92.	Extrait du contrat déposé pour être affiché dans l'auditoire du tribunal	6 »	5 40	4 50	» »	

FIN.

K

TABLE

DES TITRES DU CODE JUDICIAIRE.

PREMIERE PARTIE·

PROCEDURES DEVANT LES TRIBUNAUX.

DEUXIÈME PARTIE.

PROCEDURES DIVERSES.

TABLE ALPHABÉTIQUE

DES DROITS PORTÉS AU TARIF QUI NE SONT POINT COMPRIS DANS LES TITRES DU CODE JUDICIAIRE.

TABLE

DES TITRES DU CODE NAPOLEON.

ERRATA.

Page 4, 1.re colonne, seconde ligne, au lieu de 29 *lisez* 20.

Même page, 4.e colonne, seconde ligne, au lieu de 5 fr. 37 c. $\frac{1}{2}$, *lisez* 37 c. $\frac{1}{2}$.

Page 51, 3.e colonne, seconde ligne, au lieu de *formée*, lisez *forcée*.

Page 54, 5.e colonne, sixième ligne, au lieu de 1 fr. 50 c., *lisez* 1 fr. 35 c.

Même page et même colonne, 7.e ligne, au lieu de 37 c. $\frac{1}{2}$, *lisez* 33 c. $\frac{3}{4}$.

Même page, 6.e colonne, sixième ligne, au lieu de 1 fr. 50 c., *lisez* 1 fr. 25 c.

Même page et même colonne, 7.e ligne, au lieu de 37 c. $\frac{1}{2}$, *lisez* 31 c. $\frac{1}{4}$.

Même page, 7.e colonne, sixième ligne, au lieu de 1 fr. 50 c., *lisez* 1 fr. 25 c.

Même page et même colonne, 7.e ligne, au lieu de 37 c. $\frac{1}{2}$, *lisez* 31 c. $\frac{1}{4}$.

ENY, rue de la Tixeranderie, n. 25.

FRANQUE (Joseph), rue Napoléon, n. 21.

392 — Un portrait de femme.

393 — Sa Majesté l'Impératrice.
Une contemple le Roi de Rome endormi, et presse contre son cœur le portrait de son auguste époux.

394 — Sa Majesté l'Empereur.
Le matin de la bataille de la Moskowa, il annonce ces paroles prophétiques, en voyant qu'il se lever sans nuages : C'est le soleil d'Austerlitz. L'armée en accepta l'augure.

PEINTURE. 42
le tabl... au représente la fin du combat. On amène au vainqueur différens chefs faits prisonniers et les drapeaux pris sur l'ennemi. Sur le devant on voit le général en chef des anti-chiens, resté la veille sur le champ de bataille, et l'f... du général Suwarow, prisonnier, dont un pan... les blessures.
Ce tableau a été commandé par le prince d'Esling, maréchal d'Empire, duc...

266 — Paysage représentant une médaille américaine.
Un sauvage ramène à ses parens un enfant qui étoit perdu.

267 — Un paysage d'après nature, représentant un monument gothique au bord de la grand'route de St-Denis.

DEPARADE (Alexandre)
288 — Portrait équestre de S. M. l'Empereur.

289 — Portrait de Mad.***, actrice, dans le costume de Ninon.

DE ROMANCE (Adèle), ci-devant ROMANY, rue du Mont-Blanc, n. 42.

292 — Daphnis ayant apporté à Philis...

PEINTURE. 31

PEINTURE. 26

faite par Sa Majesté, dans l'église de l'hôtel impérial des Invalides.

Sa Majesté, entourée des nouveaux chevaliers des différens corps de l'Etat, daigne honorer particulièrement le courage malheureux, en attachant elle-même la croix de la Légion d'honneur à un jeune invalide manchot.

DECAUX (Mad.) née MILET MUREAU.

242 — Un tableau de fleurs et de fruits.

DE CHATEAUBOURG, à Nantes.

? — Les enfants de l'auteur. Miniature.

'IX (Dorcy), rue Taitbout, n. 9.

iazet et le berger.

perdre son fils tombé sous le chagrin qu'il en éprouve et 'éfaite prochaine, ont jeté ame. Suivi de ses ba- remblants en sa pré-

DEDRE...

244 — Ba...
Bajazet vient de fer de Tamerlan. Le pressentiment de sa ... le découragement dans son ... taillons et de quelques chefs ... sence.

Tout-à-coup d'un côte... Il entend les accents de la flûte cha... Il s'arrête un moment, il écoute, et s... Il s'approche. Un berger assis au pied d'u... Bornant à son troupeau ses soins et ses plai... Egayoit en chantant ses innocents loisirs, Sans songer si l'Asie alloit changer de maître, Le monarque immobile observoit le bonheur... Hélas! l'infortune contemploit le bonheur...

DEFORBIN. (A.)
245 — Vue intérieure de la chapelle souterraine d'un couvent de religieuses car-

PEINTURE. 47

— Portrait de Mad. de C.***, appuyant sa main sur un pot de fleurs.

GRAND, de Lyon, hôtel du Nord, rue de Richelieu.

433 — Un bouquet de diverses fleurs.

GRANGER, rue du Haut-Moulin, n. 11.

434 — Figure de Ganimède.

435 — Plusieurs portraits, même numéro.

GREGORIUS, place du Corps-Législatif, n. 93.

436 — Portrait en pied de M. le comte C.***, sénateur.

GRENIER, rue des Saints-Pères, n. 18.

437 — Atalante et Hippomène.
Surpris par un orage dans une partie de chasse, ils se réfugient dans une caverne, et y sont dévorés par un lion et une lionne qui y viennent après eux. Ce qui fit dire à la fable, qu'ils avoient été métamorphosés en lions dans un temple de Cybèle.

438 — Portrait de M. R. G.

GROBON, rue des Filles Saint-Thomas, hôtel d'Angleterre.

439 — Un intérieur.
440 — Vue des environs de l'Arbrèle.
441 — Une étude d'arbre.
442 — Une ferme.

www.ingramcontent.com/pod-product-compliance
Lightning Source LLC
Chambersburg PA
CBHW071235200326

41521CB00009B/1485